북한의 체육과 여가

서울대학교통일학연구총서 26

북한의 체육과 여가

초판 1쇄 인쇄 2016년 2월 20일
초판 1쇄 발행 2016년 2월 25일

지은이 나영일 · 현주 · 안지호 · 신영진 · 진현주 · 성제훈
펴낸곳 서울대학교출판문화원
펴낸이 성낙인

책임 편집 이라미
디자인 최선아

출판등록 제15-3호

주소 (08826) 서울 관악구 관악로 1
대표전화 02-880-5252 | **팩스** 02-888-4148
마케팅팀(주문상담) 02-889-4424, 02-880-7995
이메일 snubook@snu.ac.kr
홈페이지 www.snupress.com

ISBN 978-89-521-1688-8 94300
978-89-521-1029-9 (세트)

서울대학교통일학연구총서 26

북한의 체육과 여가

나영일
현 주
안지호
신영진
진현주
성제훈

서울대학교출판문화원

The Physical Activity and Leisure Life in North Korea

Na, Youngil

Hyun, Ju

Ahn, Jiho

Shin, Youngjin

Jin, Hyunju

Sung, Jehoon

Seoul National University Press

서울대학교통일학연구총서를 내면서

냉전체제가 와해되고 남북교류가 증대하면서 21세기 한반도의 창조적 미래 구상이 절실히 요청되고 있다. 우리의 희망과는 달리 남북관계는 여전히 불안정하고 국제정세 또한 유동적이지만, 상호적대적인 분단체제는 더 이상 유지되기 어려운 상황임이 분명하다. 민주화와 경제발전을 성공적으로 이룩한 우리 사회의 역량을 바탕으로 이제 통일한국의 미래를 기획하고 추진하는 일이 핵심적인 시대적 과제로 부각되고 있다.

어떤 형태의 통일이 바람직할 것인가에 대해 완전한 합의를 얻기는 쉽지 않다. 통일이 이루어질 시기를 예측하기도 어려우며, 통일과정이 반드시 점진적이거나 평화적일 것이란 보장도 없다. 우리가 원치 않는 방식으로 통일문제에 맞부딪치게 될 가능성도 얼마든지 있다. 그럼에도 불구하고, 아니 그렇기 때문에 통일에 대한 연구는 더욱 총체적인 시야에서 체계적으로 이루어져야 한다. 실제로 통일과정에 돌입했을 때 전 과정을 적절히 관리할 역량이 갖추어지지 못하면 오히려 심각한 갈등과 후유증을 겪을 우려가 크기 때문이다.

통일논의가 구체화되고 정책적 실현가능성이 높아질수록 그에 적합한 전문성과 책임성을 갖추기 위해 노심초사해야 하는 것이 한국 지식인의 책무일 것이다. 반세기 이상 남북한 주민이 경험해 온 상이한 제도와 관행을 적절히 통합하고 전쟁의 상처와 오랜 대립에서 비롯되는 적대감과 이질성을 극복하기 위해서는 고도의 전문성과 기획력이 무엇보다도 필요하다. 한반도 통일을 바람직한 동북아지역 질서와 연계시키고 보다 나은 공동체를 구현하는 일도 지식인들의 높은 식견과 섬세한 대응역량이 없이는 불가능하다.

서울대학교는 2003년부터 통일학연구 지원사업을 시작하였고, 우리 사회의 지적 대응능력을 키우는 데 진력하고 있다. 서울대학교의 통일연구 사업은 북한에 대한 지역연구 차원을 넘어서 통일과정 전반에서 고려되어야 할 쟁점들을 학제적으로 분석하는 데 목적을 둔다. 따라서 정치, 경제, 사회, 역사, 문화, 환경의 영역은 물론이고 농학과 의학, 과학기술과 예술 및 체육에 이르기까지 광범위한 영역을 포괄한다. 이 일을 총괄하는 서울대학교 통일평화연구원은 국내외의 연구기관 및 연구자들과 교류하면서 종합학문으로서의 통일학을 정립하고자 애쓰고 있다.

서울대학교통일학연구총서는 이러한 학문적 노력의 결실이다. 이 총서가 우리 시대 최대의 과제인 분단극복과 통일한국을 향한 역사적 장정에 긴요한 지적 자산이 되기를 기대한다. 또한 소모적인 이념 논란을 지양하고 창조적인 대안과 정책적 지혜를 탐색하는 이성적 도구로 활용되기를 바란다. 끝으로 통일연구의 시대사적 중요성을 인식하고 서울대학교 통일연구 사업의 제도적 바탕을 마련해 주신 정운찬 전 총장님과 변함없이 이 연구 사업을 지원, 격려해 주신 이장무 전 총장님, 그리고 종전의 통일평화연구소를 통일평화연구원으로 승격하여 새로운 도약과 발전의 기틀을 마련해 주신 오연천 총장님께 깊은 감사를 표한다.

2011년 9월

서울대학교 통일평화연구원

머리말

최근 통일대박론이 대두되면서 다양한 분야에서 통일을 향한 다각적인 노력이 이루어지고 있다. 그러한 노력이 모두 통일을 위한 초석이 되었으면 좋겠지만 반드시 그런 것만은 아니다. '우리의 소원은 통일'이라는 노랫말은 남한과 북한 모두에서 유행하였다. 통일이란 주제가 남북 모두에게 절대선이기 때문이었다. 통일이란, 노래와 말로는 쉽지만 현실에서는 매우 어려운 주제로 메아리처럼 들릴 때가 많다. 남북이 서로 자기 입장에서만 통일을 노래해 왔기 때문이다. 남이나 북이나 통일을 원하지만 상대를 고려하지 못한 일방적인 경우가 많은 것은 아닌지 뒤돌아볼 필요가 있다. 상대를 알지 못하는 상태에서 통일이란 논의는 허구일 수밖에 없다.

통일을 잘 이루고 그 결과도 좋으려면 철저한 준비가 필요하다. 이를 위해 정치, 경제, 사회, 교육, 의료, 보건 등 남북한의 이질적인 환경을 통일하는 것이 중요할 것이다. 그러나 이러한 분야를 해결하기 위해서는 먼저 체육이나 문화와 같은 이념적으로 갈등이 적은 부분부터 서로를 알아 가는 노력이 필요하다. 서로를 이해하는 데 있어서 가장 중요한 주제는 바로 서로의 삶 그 자체이다. 체육과 여가활동은 그런 의미에서 북한주민을 이해하는 데 매우 의미 있는 주제이다.

이 책은 북한의 문화를 이해하려는 목적을 가지고 쓰였다. 문화는 거칠게 표현하면 '한 사회의 집단습관'이라고 정의할 수 있다. 사회의 습관형성은 인간의 몸과 무의식과 밀접히 관련되어 있다. 필자들이 북한의 체육과 여가에 관심을 갖는 이유는 체육과 여가활동이 바로 신체를 활용한 대표적인 문화활동이라는 점 때문이다. 우리는 북한주민의 체육과 여가활동을 통해 북한의 문화를 이해하려고 했다.

북한주민의 체육과 여가활동은 북한주민의 일상생활뿐만 아니라 주민들의 정치사회화 과정에서 중요한 매개 수단이기도 하다. 북한주민의 체육과 여가활동이 이루어지는 주요 공간인 가정, 학교, 직장은 생활세계일 뿐만 아니라 구체적인 정치공간임을 의미하기도 한다. 결국 이 책은 북한의 체육과 여가활동을 중심으로 북한의 문화와 이들의 사회화과정을 이해하기 위한 것이다.

이 책은 세 가지 측면에서 북한주민의 체육과 여가활동을 살펴보았는데, 먼저 북한의 체육과 여가활동을 살펴보기에 앞서, 2장과 3장에서 사회주의 국가들의 체육과 여가정책을 알아보고, 이를 토대로 북한의 체육과 여가정책을 비교하면서 사회주의 국가의 체육과 여가정책의 일반성과 북한의 특수성을 이해하려고 하였다. 다음으로, 4장에서 북한의 체육과 여가정책을 구체적으로 이해하기 위해 함경남도 단천지역을 중심으로 실향민, 북한이탈주민의 증언을 토대로 북한의 체육과 여가활동을 재구성하고자 하였다. 마지막으로 5장에서 북한의 체육과 여가정책과 이를 중심으로 한 북한의 일상생활에 대한 요약 및 결론, 기대효과와 그리고 시사점을 다루어 보았다. 2~5장의 보다 구체적인 내용을 살펴보면 다음과 같다.

2장에서는 구소련을 중심으로 중국, 동독 그리고 통일 독일의 체육과 여가정책을 살펴보았다. 제2차 세계대전 종전 후 구소련에 영향을 받은 동구권 국가, 독일과 중국 등 대부분의 국가는 구소련의 체육과 여가정책을 그대로 받아들였다. 체육은 인민의 체력향상을 통한 생산력 증가뿐만 아니라 집단적인 성향을 강화시킬 수 있는 중요한 정치적 수단이었기 때문에 동구권 국가들은 비슷한 내용, 비슷한 방식의 정책을 공유하였다. 구소련을 비롯한 대부분의 사회주의 국가가 주민들을 집단화시키기 위해 가정, 학교, 직장의 사회적 공간에서 다양한 체육과 여가활동을 조직화한 내용을 알아보았다.

3장에서는 관련 문헌과 북한이탈주민의 증언을 중심으로 북한의 체육과 여가정책, 그들이 생각하는 여가의 개념에 대해 분석하였다. 해방 이후부터 1970년까지 사회주의 국가 건설과정에서의 북한 체육정책의 전개과정을 기술하였다. 북한 역시 다른 사회주의 국가들처럼 체육과 여가활동을 통해 집단주의에 기반한 사회주의 체제를 강화하고, 국방력과 노동력을 강화하고자 하였다. 이 장에서 언급하고 있는 북한의 체육과 여가정책은 2장에서 서술된 구소련 등의 동구권 국가의 체육과 여가정책과 상당히 많은 부분을 공유하고 있음을 확인할 수 있다.

4장에서는 함경남도 단천지역 출신의 실향민과 북한이탈주민의 증언을 중심으로, 일상생활에 기초한 북한주민의 '체육활동 중심의 여가활동'과 '체육활동 이외의 여가활동'으로 구분하여 재구성하였다. 북한 정권 성립 후 고난의 행군 이전까지 북한주민의 체육과 여가활동은 당에 의해 정치색을 띠게 되어 점차 조직화되었다. 해방 이후 사회주의 체제가 들어서면서 단천지역에서는 개인 중심의 체육과 여가활동의 공간은 위축되고 당에 의해서 집단주의적 체육과 여가활동이 시작되었다. 당은 직장과 학교를 중심으로 주민의 체육과 여가활동을 통제하였다. 대표적인 북한주민의 체육 이외의 기타 여가활동은 천렵과 군중무용이었다. 당은 천렵과 군중무용을 통해 단천지역 주민의 체육과 여가활동을 직장단위별로 조직화할 수 있었을 뿐만 아니라, 체육과 여가활동을 정치활동과 결합하여 주민에 대한 당의 통제를 일상생활에까지 확장할 수 있었다. 고난의 행군 이후 심각한 경제난은 북한주민의 체육과 여가활동에도 많은 영향을 끼쳤다. 특히 체육과 여가활동에서 당의 통제 기능이 약화되고 개인화되는 경향이 나타나고 강화되고 있다.

5장에서는 지금까지의 내용을 중심으로 향후 북한의 체육과 여가정책의 변화를 기술하였다. 고난의 행군 이후 나타난 경제난은 북한 정권의 통제능력을 약화시켰고 이는 북한주민의 체육과 여가활동에도 많은 영향을 주었다. 여기에 덧붙여 필자들은 북한의 체육과 여가활동에 관한 연구를 통하여 다가올 통일을 위해 우리가 준비해야 할 과제들을 제시해 보았다.

아무쪼록 이 책이 북한의 체육과 여가활동에 대한 이해를 높이는 데 기여하고, 나아가 남북통일이라는 초석 위에 작은 디딤돌이 되었으면 하는 바이다.

2016년 1월

저자대표 나영일

차례

표 차례

그림 차례

일러두기

이 책에서는 '체육'과 '스포츠'라는 용어가 혼재되어 서술되었다. 이는 독자에게 혼란을 불러일으킬 수 있지만, 이 두 용어를 모두 사용해야 하는 역사적 · 철학적 이유가 있다.

첫째, 한국체육과학연구원이 스포츠개발원으로 이름을 바꾼 사례처럼 현재는 '스포츠'란 용어가 '체육'을 대신하는 경향을 보인다. 그러나 과거에는 '체육'이라는 용어를 상용했던 까닭에 단체, 정책 등의 고유명사에 '체육'이란 용어가 주로 사용되었고, 아직도 많이 사용되고 있다. 또한 기존의 많은 연구가 '체육'이 포함된 개념어를 사용하였고, 이 '체육'이란 표현이 그 용어가 살아 숨 쉬던 시대를 보여 주기 때문에 지금에 와서 '체육'이 들어간 용어를 '스포츠'로 대체하여 사용하기에는 역사적 인식의 혼란이 발생할 수 있다.

둘째, 체육학의 인문사회분과에서는 '체육'과 '스포츠'를 혼용해서 쓰는 경우가 많이 있는데, 이는 보통 '체육'을 '스포츠'보다 상위 범주로 개념화하는 경우이다. 가령 '스포츠'에 관련된 각종 제도를 '체육정책'이라고 하는 경우나, 운동 경기 종목을 '스포츠'로, 운동 경기를 포함한 체력단련, 무용 등의 각종 신체활동, 레크리에이션 등의 여가활동을 '체육'이라고 범주화하는 것이 그 예이다. 이 책이 다루고 있는 북한주민의 체육활동은 대다수의 기존 연구에서 수행된 국제 스포츠 경기가 아니라 북한주민의 여가활동을 포괄하였기 때문에 '체육'과 '스포츠' 용어를 혼재하여 서술하였다.

상기 이유로 '체육'과 '스포츠' 용어를 구분하여 사용하였으나 어느 지점에서는 엄밀하게 구분하지 못하였는데 그 까닭은 이 두 용어의 개념 정의와 그 사용에서 아직까지도 학술적 논박이 진행 중이기 때문이다. 대한체육회의 과거 영문명인 'Korea Sports Council', 국민체육진흥공단의 영문명인 'Korea Sports Promotion Foundation'은 '체육'과 '스포츠'가 동의어로 사용되고 있음을 보여 준다.

이에 이 책에서는 상술한 역사적 · 철학적 기준에 의해 두 용어를 구분하였고, 그 구분이 명료하지 않을 시에는 연구자들의 혼란을 덜기 위해 선행 연구의 관례적 표현을 따랐다.

제1장

서론

이 책은 북한의 체육과 여가활동에 초점을 두어 아직도 많은 부분 고립되고 감추어진 북한의 문화를 이해하기 위한 시도이다. 역사적으로 사회주의 국가는 체제를 유지하고 강화하기 위한 수단으로 주민들의 체육과 여가활동을 적극적으로 조직하고 관리하는 특징을 보여 왔다. 사회주의 국가의 주민들은 조직적인 체육과 여가활동에 참여함으로써 사회주의 국가 특유의 집단문화를 발전시켰다. 북한 정권 역시 최고 권력자의 지시, 담화, 연설문을 통해 체육과 여가정책의 중요성을 강조해 왔다. 이에 필자들은 체육과 여가활동이 이루어지는 주요 공간인 북한주민의 일상생활을 재구성하여 북한주민의 생활세계뿐만 아니라 체육과 여가활동의 정치적 기능까지 연구하고자 했다. 이러한 연구 과정은 기존 북한 연구의 주요 대상이었던 당, 행정 조직을 우회하여 주민들의 체육과 여가활동을 중심으로 북한주민의 일상생활과 이의 정치적 기능을 알아보고자 하는 시도였다.

연구방법론과 관련해서도 기존 북한연구의 정치적 접근과는 차이가 있다. 북한사회에 대한 정치적 접근은 거의 북한의 핵정책, 대미외교정책, 대남정책, 최고 권력층에 대한 연구를 주제로 하고 있다. 이러한 북한 연구의 정치적 접근에는 자료 접근의 어려움, 확보한 자료의 신뢰성 문제 등으로 인해 여전히 어려움이 남아 있음을 부인할 수 없다. 또한, 북한에 대한 정치적 접근은 방법론적으로 북한사회를 거시적 수준에서 하나의 추상적 단일체로 가정하는 거시사회이론에 토대를 두고 있다. 그러나 이 책의 시도는 필자들이 현장연구와 문헌연구를 병행하면서 경험한 북한사회의 특성에 착안하여 출발했다. 현장연구가에게 있어 북한사회는 하나의 거시적 수준의 추상적인 단일한 실체라기보다는 중범위 혹은 미시적 수준의 다양한 개인이 형성한 공간이라는 성격이 더 강하다.[1] 필자들은 연구를 수행하는 과정에서, 북한사회가 도시와 지방, 또는 같은 도시라 하더라도, 평양과 평양 이외의 도시, 그리고 접경지역 도시들 간에 격차가 있다는 사실을 경험하였다. 이에 필자들은 북한사회를 총체적인 단일체로 간주하기보다는 북한사회의 전체 그림 가운데 작은 부분을 따로 떼어 내어 이를 중심으로 작은 사회 구조와 이 구조를 변화시킨 시간을 중심으로 북한사회를 연구하고자 하였다. 따라서 필자들은 북한이탈주민이 많은 접경지역으로 연구대상을 좁혔으며, 현장연구과정에서 함경남도 단천지역 출신 면담 대상자들과의 라포르(rapport) 형성을 기반으로 하여 연구의 범위를 함경남도 단천지역으로 집중하였다. 이렇게 연구대상을 한정하여 한 지역의 사회적 구조와 이를 변화시키는 시간 연구를 통해 미시사회학과 미시사 연구를 결합하고자 하였다. 이에 필자들은 북한사회의 다양성을 강조함으로써 방법론 차원에서 미시사와 미시사회학의 융합을 통해 북한 연구에 있어 지역연구의 필요성을 강조하였다.

이 책은 일반인들에게도 친숙한 주제인 체육과 여가활동을 중심으로 북한을 다루고 있다. 지금까지 우리 사회에서 북한에 대한 인식은 지나치게 정치적이거나 자극적이고 흥미 위주의 가십(gossip) 수준으로 이원화되었다. 그러나 여기에서는 북한주민의 일상생활과 체육과 여가정책을 연관시킴으로써 이원화된 우리 사회의 북한 인식에 대한 균형을 잡고자 노력하였다. 또한, 바

1 필자들은 방법론적인 차원에서 미시사회학자인 고프만과 짐멜(E. Goffman and G. Simmel)의 이론에 기반을 두고 있다. 특히 고프만은 사회를 멀리 떨어져 있는 추상적인 실체가 아니라 '지금-여기'라는 미시 수준의 상황에서 참여자들이 협력하여 구성되는 규칙과 질서, 곧 사회성의 요건이 실현되는 현장의 산물이라고 보았다(고프만, 2013: 55).

람직한 통일교육이 북한에 대한 관심과 올바른 이해에 기초한다고 볼 때, 체육과 여가활동을 중심으로 한 북한주민과 사회의 이해가 통일교육의 대중화에 도움을 줄 수 있을 것이며, 일상생활의 정치적 의미를 이해함으로써 북한을 이해하는 데 좀 더 깊이 있게 다가갈 수 있을 것이라 생각한다.

1. 자료 수집과 분석

이 책에서 다루고 있는 연구는 그동안 북한의 체육과 여가활동에 대한 문헌연구에 중심을 두고 추상적으로 진행되었던 연구들과는 달리, 함경남도 단천시 출신의 실향민과 북한이탈주민과의 심층면담과 문헌연구를 통해 북한주민의 다양한 체육과 여가활동을 발생학적 차원에서 구체적으로 연구하였다.

2장은 사회주의 국가의 체육과 여가정책에 대한 이해를 중심으로 본문을 구성하였다. 특히 구소련은 사회주의 체제를 추구하는 다른 국가들의 체육정책과 행정조직의 모델이기도 하다. 제2차 세계대전 종전 후 사회주의 국가들로 전환한 북한, 중국, 동독 등은 당시 사회주의 국가의 주축이었던 구소련의 체육정책과 체육행정조직을 도입하여 사회주의 체제를 확립하고자 하였다. 특히 체육은 노동자와 농민의 체력을 강화하여, 국방력과 노동력을 강화할 수 있는 중요한 수단이었다. 또한, 체육이 가지는 특성 중 하나는 구성원들의 집단 결집력을 강화하여 체제의 안정성을 촉진한다는 것이다. 따라서 사회주의 국가들은 국가 건설 초기부터 국민들의 체육과 여가활동에 관심을 가지고 체육정책을 조직적으로 실행하고자 하였다. 결국 사회주의 국가들의 체육과 여가정책을 이해하는 것은 현재까지 사회주의 체제 속에 살고 있는 북한주민의 체육과 여가활동에 관한 이해를 위해 반드시 필요하다.

3장에서는 본격적으로 북한의 체육과 여가정책에 대한 문헌연구를 수행하였다. 북한의 체육정책에 대한 발생학적 연구를 위해 1945년 해방 이후부터 1970년대 사이 북한 정권이 들어서면서 집단주의적 사회주의 국가 건설과정에서 체육과 여가정책을 어떻게 활용했는지에 대한 문헌연구를 중심으로 분석하였다. 북한 역시 다른 사회주의 국가들처럼 초기부터 구소련의 영향을 받았다. 북한은 체육정책뿐만 아니라 정치, 교육, 법, 사상 등 사회 전반에 걸쳐 구소련의 사회주의 체제를 모델로 하였다. 이 시기는 냉전 시기로 남북한이 오랜 기간 단절된 상태[2]이고, 북한이탈주민도 2000년 이후에 입국한 사람들이 대다수[3]여서 이 시기에 북한주민의 체육과 여가활동을 증언 중심으로 구성하기에는 다소 무리가 있다. 따라서 3장은 북한의 체육정책을 이해하기 위해 문헌을 중심으로 연구하였다.

4장은 단천지역 출신의 실향민과 북한이탈주민의 증언을 중심으로 주민들의 일상생활과 관련되는 체육활동 중심의 여가활동과 기타 여가활동으로 재구성하였다. 이에 배경이 되는 북한의 체육대회, 청소년들의 여가활동, 그리고 북한 생활이 크게 변화하는 계기가 된 고난의 행군 이후부터 최근까지의 주민들의 여가와 체육활동에 대하여 기술하였다. 또한 단천지역 출신 실향민들과의 면담에서 연구자들은 해방 직후부터 한국전쟁이 발발되기 전까지 단천지역에서 행해진 체육과 여가활동의 의미를 이해하고자 하였다. 단천지역의 체육과 여가활동 이해에 도움을 준 심층 면담자들은 <표 1-1>[4]과 같다.

자료 분석은 함경남도 단천시 출신 실향민 중 1명과 최근 이주한 북한이탈주민 중 1명을 선정하여 파일럿 테스트(Pilot Test)를 실시한 다음, 그 내용을 전사하여 분석하였다. 이는 단천지역에서 사회주의 체제가 들어서기 전과 후 시기에 북한주민의 체육과 여가활동을 비교하기 위해서이다. 이를 통해

---

2 1972년에 있었던 7・4 남북 공동성명 이후 북한은 사회주의 헌법을 채택하면서 폐쇄경제체제가 심화되었는데 이는 북한의 극심한 경제침체의 원인으로 분석되고 있다. 당시 북한은 제1차 7개년 계획(1961~1967)의 실행과정에서 국내 경제성장률의 상당한 하락 이후(황의각 외, 1995: 139) 1965년 이래로는 공식적인 경제통계를 발표하지 않고 있으며(양운철, 2006: 68) 다른 분야에 관한 자료들도 구하기 어렵다.

3 <표 1-1> 참조.

4 북한이탈주민 가운데 단천지역 출신의 북한이탈주민 다수와 필자들과의 라포르(rapport) 형성은 단천지역을 중심으로 북한의 체육과 여가활동을 연구할 수 있는 계기를 마련해 주었다.

표 1-1 심층 면담자

면담자	연령대	면담일시
실향민 1	78세	2012. 10. 23
실향민 2	80세	2012. 12. 11
실향민 3	84세	2013. 1. 2
북한이탈주민 1	60대	2012. 9. 26
북한이탈주민 2	50대	2012. 10. 9 2012. 9. 26
북한이탈주민 3	50대	2012. 10. 9
북한이탈주민 4	40대	2012. 10. 19 2013. 4. 30
북한이탈주민 5	40대	2012. 11. 17
북한이탈주민 6	30대	2012. 11. 22
북한이탈주민 7	40대	2012. 11. 26
북한이탈주민 8	40대	2013. 1. 4
북한이탈주민 9	30대	2013. 1. 8
북한이탈주민 10	30대	2013. 1. 13
북한이탈주민 11	20대	2013. 1. 22
북한이탈주민 12	70대	2013. 1. 29
북한이탈주민 13	50대	2013. 4. 8
북한이탈주민 14	40대	2013. 5. 3

귀납적으로 연구문제를 발견하고 문헌연구를 통해 연구된 문제들을 더욱 정교하게 살펴볼 수 있었다.

파일럿 테스트를 진행함과 동시에 북한 체육 분야의 전문가들[5]의 자문과 지속적인 회의를 통해 본 연구에 적합한 면담 대상자를 선정하였다. 또한 파일럿 테스트를 분석한 내용과 문헌연구를 통해 본격적으로 면담을 실시할 참여자들과의 기본 질문 문항을 구성하였다. 이를 토대로 단천지역 출신의 실

5 체육과 통일 전문가 5인으로 구성하였다.

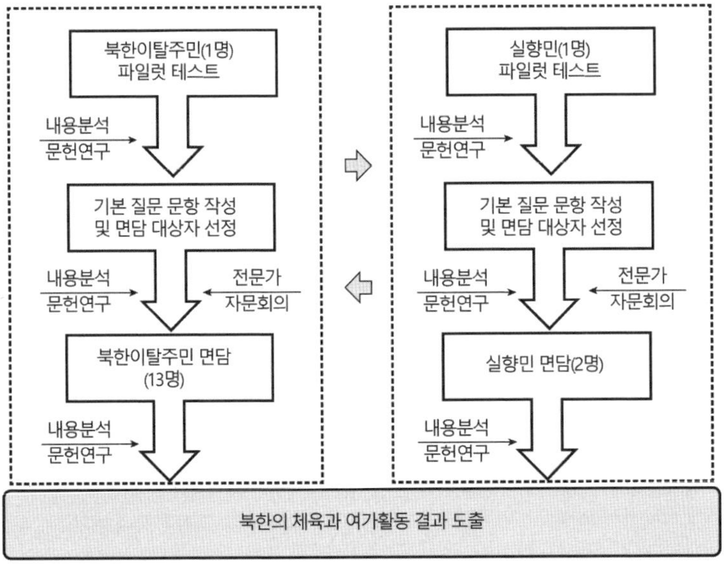

그림 1-1 자료 수집과 분석과정

향민과 북한이탈주민과의 면담을 하였다.

면담 자료의 수집은 2012년 9월부터 2013년 5월까지 9개월간 진행되었다. 단천지역 출신의 실향민 3명(파일럿 테스트 1명 포함)과 북한이탈주민 14명(파일럿 테스트 1명 포함)을 중심으로 면담을 통해 자료를 수집하였다. 문헌연구는 2012년 9월부터 2014년 8월까지 지속적으로 단행본, 서책, 논문, 신문 등을 통해 자료를 수집하였다. 자료 수집 및 분석과정은 <그림 1-1>과 같다.

2. 선행연구

초기의 북한 체육에 관한 국내 연구는 1970년대 대한체육회에서 발행한 『체육연감』[6]에서 찾을 수 있다. 『체육연감』은 북한 체육에 대한 전반적인 연구보다는 엘리트 체육을 중심으로 한 북한 선수들의 종목별 경기력 분석에 치중하여 서술되었다. 1970년대 당시는 냉전시기로 남북한이 정치적, 이념적으로 대립하여 남북 왕래가 없던 시기여서 북한에 대한 연구는 국제 경기에 출전한 북한 선수들로 제한될 수밖에 없었다.

이러한 연구 추세는 1980년대까지 이어졌다. 대표적으로 대한체육회에서 발행한 『국제스포츠정보자료집』(1986, 1988, 1989)에서 '북한체육실상', '국제체육기구 남북한 가입현황' 등의 주제로 엘리트 체육을 중심으로 북한 선수들의 경기력과 북한이 국제사회에 미치는 영향을 분석하였다. 이러한 경향은 개인의 연구에서도 찾아볼 수 있다. 황호곤(1988)의 「북한체육실상(2): 체육조직/전국의 스포츠 조직 상·하부가 일사불란」에서는 기존의 북한 엘리트 체육 분석에서 좀 더 발전하여 스포츠 조직에 관한 연구와 북한 선수들의 경기력을 분석하였다.

1990년대에는 냉전 상태가 종결되면서 국제사회에서 스포츠를 통한 이념적 전쟁이 사라지고 북한 체육에 관한 연구가 변화되기 시작하였다. 이 시기의 연구들을 살펴보면 주로 남북한 교류에 관한 것들이었다. 박주한(1992)의 「남북한 스포츠 교류의 실상과 전망」, 송미순·이은옥(1992)의 「남북한 노인생활 및 복지실태 비교연구」, 김동선(1998)의 「통일 한국의 체육정책」, 이학래(1999)의 「남북체육교류의 추진과제와 실천방안」, 안민석(1999)의 「남북체육교류 활성화 방안 연구」 등이 이에 속한다.

박주한의 「남북한 스포츠 교류의 실상과 전망」에서는 남북한의 스포츠 교류 과정을 국제 스포츠 무대진출, 상호교류의 탐색과 실패, 제3국에서의 상호대전과 갈등, 최근의 상호교류 실현과 중단 등으로 구분하여 상호교류의 실현과 중단의 의미를 분석하였다. 그러나 구체적인 실천방안에 대한 언급은

---

6 「북한스포오츠」, 『체육연감』(1975); 「대한올림픽 위원회: 종목별 아시아경기연맹에의 남북한 가입대비표」, 『체육연감』(1976); 「모습 드러낸 북한스포오츠의 수준」, 『체육연감』(1977); 「제8회 아시아경기대회 참가의 성과/남·북한 성적 비교」, 『체육연감』(1979) 등.

없으며 스포츠 교류의 전망만을 포괄적으로 제시하였다. 이학래의 「남북체육교류의 추진과제와 실천방안」의 경우는 북한이 남북체육회담을 외면하는 이유를 분석하고, 중단된 남북체육교류의 새로운 방안을 제시하고자 남북체육교류의 정치적, 경제적인 측면을 분석하였다. 그러나 이 연구에서 제시된 방안 역시 현실적인 실천 가능성은 낮다는 한계를 보여 주었다. 또 다른 연구인 안민석의 「남북체육교류 활성화 방안 연구」에서는 비정치적인 성격을 띤 체육을 통해 남북한이 교류하여 서로의 문화를 이해하는 방안에 대하여 추상적으로만 제안하고 있다. 마지막으로 김동선의 「통일 한국의 체육정책」에서는 남북한의 체육정책에 대해 비교 분석하여 통일 이후 체육활동을 통해 민족적 통합을 할 수 있는 방안을 추상적으로 제시하였다. 1990년대의 북한 체육에 관한 연구를 살펴보면 그 이전에 비해 다양하고 개인적인 차원에서 연구가 시도되었다는 점에서 상당한 의의가 있다. 그러나 이 논문들은 여전히 북한 체육에 관한 연구를 2차 자료 중심으로 진행함으로써 추상적인 남북한 체육교류방안만을 제시하는 데 그쳤다.

2000년대부터 우리 사회에 북한이탈주민의 증가로 북한주민에 대한 연구가 나타나기 시작하면서 다양한 연구들이 시도되었다. 장경호(2000)의 「「스포츠와 환경: 사회체제에 따른 스포츠시설환경과 효율성에 관한 연구 - 북한의 스포츠시설을 중점으로」, 김동선(2000)의 「남북 체육회담의 성패요인과 전망」, 성문정(2001a)의 「북한 엘리트 체육의 실태(2)」, 김동선(2001)의 「우리나라 통일 과정에서 스포츠 교류의 역할」, 안민석(2002)의 「북한주민의 여가생활과 체육활동에 관한 연구」, 김미숙(2004)의 「북한의 스포츠이념과 남북 스포츠교류의 한계에 관한 연구」, 함정은(2005)의 「남북한 아동체육의 비교연구 및 활성화 방안」, 유호근(2007)의 「남북한 스포츠 교류의 정치적 함의: 기능주의적 시각을 중심으로」, 송형석(2010)의 『다문화사회에서 사회통합수단으로서의 스포츠, 그 가능성과 한계: 독일의 사례를 중심으로』 등 다양한 연구들이 있다.

성문정의 「북한 엘리트 체육의 실태(2)」에서는 기존의 엘리트 체육의 연구와는 다르게 전(前) 북한 축구국가대표 감독의 간담내용을 활용하여 북한 엘리트 체육의 실태를 파악했다. 남북한 스포츠 교류와 관련하여 김동선(2001)은 「우리나라 통일과정에서 스포츠 교류의 역할」에서 기존의 남북한 체육교류 방안에서 한 단계 더 나아가 남북한과 동서독의 스포츠 교류과정을 비교하여 스포츠의 남북통일을 위한 역할을 탐색하였으며, 김미숙(2004)의 「북한의 스포츠이념과 남북 스포츠교류의 한계에 관한 연구」에서는 북한 스포츠의 교류 형태를 분석하여 당시 스포츠 교류의 한계를 파악하였다. 또 새롭게 남북한의 아동체육과 관련하여 함정은은 「남북한 아동체육의 비교연구 및 활성화 방안」에 대해 연구하였다. 이 논문에서는 남북한 초등학교 아동들의 체육활동을 학교체육활동과 과외활동으로 구분하여 학제와 이념, 교육과정과 체육활동 내용 및 그 범위를 구분하여 연구 분석하고 남북통일 이후의 아동체육활동의 지표를 제시하고자 하였다. 마지막으로 북한 체육과 여가활동에 관한 연구로는 안민석의 「북한주민의 여가생활과 체육활동에 관한 연구」가 있다. 여기에서는 이전 2차 자료 중심의 북한 체육 연구와 달리 북한이탈주민을 중심으로 연구하였다. 이는 기존의 북한 엘리트 스포츠와 남북한 교류와 관련된 2차 자료를 통한 추상적인 연구에 비해, 북한이탈주민의 면담을 통한 북한의 여가활동과 체육생활을 포괄적으로 파악했다는 점에서는 의의가 있지만, 소수의 북한이탈주민을 통해 북한 전 지역의 여가생활에 대해 연구하였기 때문에 구체적인 북한의 여가활동을 모두 포괄하여 설명하기에는 한계가 있다.

지금까지 선행된 북한의 체육과 여가활동에 관한 연구들을 살펴보았다. 전술하였듯이 1970년부터 1980년대까지 북한 체육 연구는 냉전시대를 바탕으로 국제사회에서 남북한 엘리트 스포츠의 비교를 중심으로 남북한 선수들의 전력 분석에 치중되어 있었다. 이러한 연구 경향은 1990년대 탈냉전시대에 접어들면서 남북한 스포츠 교류에 초점을 맞추어 남북한 통합 방안 연구와 북한사회의 체육과 여가연구로 전환되었다. 대부분의 통합방안 연구는 북한의 복잡한 사회를 단순한 구조로 환원하여 북한사회의 이해보다는 추상적인 통합방안을 도출하는 데 초점을 두었다. 그러나 북한사회 역시 인간들의 복잡한 상호 연결망의 형태이므로, 좀 더 미시적으로 접근하는 방법이 요구된다.

지금까지 북한의 체육과 여가 연구는 북한의 체육 및 여가정책과 담당기관, 그리고 일반 주민들의 체육과 여가활동을 단순히 기술하는 차원에 국한되었다. 그러나 체육과 여가활동은 사회체제와 밀접히 관련되어 있기 때문에 이러한 활동에 내재되어 있는 정치적, 경제적, 문화적 의미를 이해해야 한다. 따라서 북한의 문화를 보다 총체적으로 이해할 수 있는 학제 간 연구가 필요한 것이다.

이 책에서는 단천지역 출신 북한이탈주민을 중심으로 북한주민의 체육과 여가활동을 다루었다. 남한에서 북한이탈주민의 정착문제는 단순히 정책의 기술적인 문제만이 아니라 북한이탈주민을 위한 북한에서의 사회화, 남한에서의 재사회화 과정이 맞물려 있는 복잡한 역사적 문제인 동시에 사회적인 문제이다. 따라서 북한이탈주민의 효과적인 정책방안을 위해서는 북한의 문화를 이해해야 한다. 다시 말해 북한이탈주민의 체육과 여가활동을 통한 효과적인 정책모델을 만들어 내기 위해서는 이들의 북한에서의 사회화 과정에서 출발하여 남한에서의 재사회화 과정에 이르는 미시사회학, 미시사 연구가 불가피하다.

제2장

사회주의 국가의 체육과 여가정책

1. 구소련의 체육과 여가정책

1) 체육과 여가정책의 특징

구소련정부는 사회주의 국가 건설 초기부터 체육과 여가에 관한 관심이 높았다. 특히 구소련을 중심으로 한 사회주의 국가들은 국가 차원에서 체육활동을 중심으로 주민들의 여가활동(신체활동)[1]을 기획하였다. 이에 따라 구소련은 체육문화와 스포츠 진흥을 위해서 다양한 정책을 실시하였고 조직적으로 체육정책을 실시하기 위해 헌법으로 이를 규정하였다. 구소련의 헌법 제24조는 집단체육 문화와 스포츠 발전을 장려하고 있으며 제25조는 청소년의 지적, 신체적 개발과 건강을 위한 휴식 및 휴양에 대하여 명시하였다(김재련, 1989: 333).

구소련은 주민들의 체육과 여가활동을 조직적으로 관리하여 집단주의적 사회주의 체제를 발전시키고, 주민들의 체력을 강화하여 국방력과 노동력을 강화하고자 하였다. <표 2-1>은 강정호(1998)가 분석한 구소련의 체육과

1 이 장에서 의미하는 사회주의 여가활동은 신체활동을 중심으로 이루어지는 여가활동으로 각종 스포츠 클럽활동을 의미한다.

표 2-1 구소련의 체육과 여가정책

첫째, 헌법에 보장되어 있는 체육 문화와 스포츠를 소련은 중요 정책 대상으로 삼고 있다. 소련 헌법 제24조는 집단체육 문화와 스포츠의 발달을 장려하고 있으며, 제25조는 청소년의 지적, 신체적 개발과 건강을 위한 휴식 및 휴양에 대해 쓰여 있다. 헌법 제41조는 집단 참가의 개발, 스포츠 체육 문화, 캠핑 및 관광에 대해 쓰여 있고, 제42조는 건강보호, 의료보호, 치료 등 건강 향상 기관에 대해서 다루고 있다.
둘째, 집단체육 문화의 참가에 대한 지도 및 프로그램을 장려한다.
셋째, 국제적으로 우수한 선수들을 육성하고 보호하는 정책을 쓰고 있다.
넷째, 우수한 선수들을 사회적으로 인정하기 위해서 스포츠 순위 제도를 실시하고 있다.
다섯째, 체육 문화와 스포츠의 지도자 교육을 중요시하고 있다.
여섯째, 스포츠 과학과 여가 선용을 중요하게 취급하고 있다.
일곱째, 국제 체육 문화를 통해서 단결, 시설 확보, 스포츠 운동 진흥책을 쓰고 있다.

출처: 강정호(1998)

여가정책이다.

강정호가 분석한 구소련의 체육과 여가정책의 목적은 첫째, 국민체력을 향상시키려는 일반적인 체육의 목적 달성에 있고, 둘째, 스포츠를 통한 정치적 목적 달성과 더불어 국제적 지위 향상에 있다. 구소련은 이러한 목적들을 달성하기 위해서 주민들이 태어나서 죽을 때까지 각 스포츠단체의 구성원으로서 활동할 수 있도록 프로그램을 구성하였다.

이렇게 구소련에서는 주민들의 연령과 사회생활에 맞추어 각 단체를 구성하여, 모든 주민이 이에 소속되어 개인의 의지보다는 사회주의 체제 내에서 체육과 여가활동을 하였고, 중앙정부는 체육과 여가활동을 통합적으로 관리하였다. 구소련에서 연령별로 구별되어 있는 체육 담당기관을 살펴보면 <표 2-2>와 같다.

표 2-2 구소련의 그룹별 체육 담당기관

그룹	대상	체육 담당기관
1그룹	1~7세 취학 전 어린이	가정, 보육원, 유치원
2그룹	초 · 중등학교 학생들	초등학교, 중등학교, 특수학교
3그룹	고등 교육기관 학생들	고등 교육기관
4그룹	군인들	군대
5그룹	노동자들	스포츠 클럽

<표 2-2>와 같이 구소련정부는 주민들이 연령에 따라 체육과 여가활동을 할 수 있도록 체계적으로 조직적인 관리정책을 실시하였는데, 이는 '스포츠 등급' 제도와 'GTO' 제도에 가장 잘 나타나 있다. '스포츠 등급' 제도는 엘리트 선수를 양성하기 위한 제도이고, GTO 제도는 스포츠의 저변확대를 위한 여가정책이다.

'GTO(Gotok Trudui Oborone, 나는 노동력과 방위준비를 한다)'[2] 제도는 구소련이 스포츠 저변을 확대할 수 있었던 중요한 체육정책이다. 대부분의

표 2-3 GTO 사업 개요

항목	내용
목적	국민 신체 적성 수준 향상, 체육 통제 및 관리, 공산주의 교육
종목	100m 달리기, 장거리 달리기, 높이뛰기, 멀리뛰기, 수류탄 던지기, 포환 던지기, 스키, 스포츠 행진, 자전거 횡단, 수영, 가름보 끌어올리기, 역도, 체조대 위에 누운 채로 버티기, 점 안에서 팔 굽혀 펴기, 소총사격, 군용소총사격, 관광기능시험 등 25종목, 22개의 실제 검사로 이루어짐
기간	1931년 3월부터 실시
구분	BGTO Ⅰ 소년 · 소녀(10~13세)
	GTO Ⅱ 소년 · 소녀(14~15세)
	GTO Ⅲ 소년 · 소녀(16~18세)
	GTO Ⅳ 남자(19~39세), 여자(19~34세)
	GTO Ⅴ 남자(40~60세), 여자(35~55세)
합격자	GTO 휘장과 증명서 수여
합격 기준	· 10종목 중 7개 종목을 합격해야 함 · 소련 체육사 지식 · 위생 및 구급법 지식 · 기초군사훈련 및 민방위훈련 지식 · 아침 체조운동의 중요성 설명 및 지도 능력

2 GTO의 각 등급은 몇 종목의 이론시험과 몇 종목의 운동 및 스포츠 수준검사로 되어 있다. 이론종목은 소련 체육지도의 기본, 개인 및 사회 위생지식, 집단파괴무기로부터의 보호방법과 규율 등이다. 실기검사는 근력, 지구력, 속도 및 기술과 자기 스포츠 발전에 응용될 수 있는 운동기술과 방법(예: 지구력 및 속도의 발달을 위한 달리기)이다. 1940년 GTO의 공식기준이 발표된 이후 GTO의 기준(norm)은 10년마다 변경되고 있다.

표 2-4 19~39세 GTO 기준표

운동 종목	남자				여자			
	19~28세		29~39세		19~28세		29~34세	
	은배지	금배지	은배지	금배지	은배지	금배지	은배지	금배지
1. 100m 달리기(초)	14.0	13.0	15.0	14.0	16.0	15.2	17.0	16.0
2. 장거리 달리기 500m(분.초)	-	-	-	-	2.00	1.45	2.10	2.00
〃 1,000m(〃)	3.20	3.10	3.45	3.30	4.30	4.10	5.00	4.30
〃 3,000m(〃)	11.0	10.3	11.3	11.0	-	-	-	-
3. 높이뛰기(cm)	130	145	125	130	110	120	105	110
멀리뛰기(〃)	460	500	400	460	350	380	320	350
4. 수류탄 던지기 500g(m)	-	-	-	-	23	27	20	23
〃 700g(〃)	40	47	35	40	-	-	-	-
포환 던지기 4kg(〃)	-	-	-	-	6.50	7.50	6.20	6.50
〃 7.257kg(〃)	7.50	9.00	6.50	7.50	-	-	-	-
5. 스키 3km(분)	-	-	-	-	19	17	21	19
〃 5km(〃)	25	24	30	26	35	33	38	35
〃 10km(〃)	54	50	-	-	-	-	-	-
6. 스포츠 행진 3km(분)	-	-	-	-	19	17	21	19
〃 6km(〃)	36	33	38	36	-	-	-	-
자전거 횡단 10km(〃)	-	-	-	-	28	25	30	27
〃 20km(〃)	46	43	48	46	-	-	-	-
7. 100m 수영(분.초)	2.05	1.50	2.15	2.05	2.20	2.00	2.30	2.20
8. 가름보 끌어올리기								
70kg 이하 남자	9	13	6	9	-	-	-	-
70kg 이상 〃	7	11	4	7	-	-	-	-
역도								
70kg 이하 남자	55	75	50	55	-	-	-	-
70kg 이상 〃	65	85	60	65	-	-	-	-
체조대 위에서 누워 버티기								
점 안에서 팔 굽혀 펴기(회)	-	-	12	14	12	14	8	10
윗몸 일으키기(회)	-	-	-	-	40	50	30	40
9. 소총사격								
25m(점)	37	43	35	37	37	43	35	37
50m(〃)	34	40	34	40	-	-	-	-
군용소총사격(〃)	70	75	60	65	-	-	-	-
10. 관광 행군 및 관광기능시험	25km 1회 또는 15km 2회	30km 1회 또는 20km 2회	20km 1회 또는 12km 2회	25km 1회 또는 15km 2회	25km 1회 또는 12km 2회	30km 1회 또는 20km 2회	20km 1회 또는 12km 2회	25km 1회 또는 15km 2회
11. 스포츠 등급	-	제2급	-	-	-	제2급	-	-

출처: 황혜영(1988: 71)

표 2-5 40~60(남)/55(여)세 GTO 기준표

운동 종목	남자		여자	
	40~49세	50~60세	35~44세	45~55세
1. 60m 달리기(초)	12.0	-	12.8	-
활보 200m(분.초)	-	-	-	1.20
400m(〃)	-	2.50	-	-
2. 장거리 달리기 300m(분.초)	-	-	1.25	-
800m(〃)	3.15	-	-	-
조깅(분)	20	15	10	8
3. 제자리 멀리뛰기(cm)	190	170	150	130
4. 수류탄 던지기 500g(m)	-	-	18	-
〃 700g(〃)	32	-	-	-
포환 던지기 4kg(m)	-	-	5.50	-
〃 7.257kg(〃)	6.20	-	-	-
2kg 공 던지기(〃)		8	-	6
5. 스키 2km	-	-	18	시간 무제한
〃 5km	35	시간 무제한	-	-
걷고 달리기 3km(분)	-	-	25	시간 무제한
〃 5km(〃)	40	시간 무제한	-	-
자전거 타기 5km(〃)	-	-	20	-
〃 10km(〃)	40	-	-	-
6. 수영 - 시간 무제한(m)	100	50	100	50
7. 체조대 위에 누워 버티기 점 안에서 팔 굽혀 펴기(회)	10	8	6	4
8. 20m 거리 소총사격(점)	34	-	-	-
9. 관광 행군(km)	20	10	20	10

출처: 황혜영(1988: 72)

사회주의 국가는 이 제도를 도입하여 실시하였다. 1931년 3월 구소련정부는 국민 체육적성의 향상과 체육통제 및 관리를 위하여 공산주의 체육의 한 수단으로 체육과 스포츠를 이용하고자 'GTO' 제도를 고안하였다. 구소련의 GTO 제도의 사업개요를 살펴보면 <표 2-3>과 같다. 또한 구소련정부는 나이별로 급 간을 나눈 기준(<표 2-4>, <표 2-5>)을 제시하여 인민들의 체력 수준을 관리하려고 하였다. 이는 인민들의 체력을 향상시킬 뿐만 아니라 일상생활에서도 구소련주민으로 하여금 신체활동을 통한 여가활동을 장려하기 위함이었다.

표 2-6 스포츠 등급 제도

<table>
<tr><th>등급</th><th>수여조건</th></tr>
<tr><td>공적이 있는 소련 스포츠 마스터</td><td>· 공적이 있는 소련 스포츠 마스터(국가 최고 명예, 종신)</td></tr>
<tr><td>국제급 소련 스포츠 마스터</td><td rowspan="3">· 국제경기에서 우수한 성적을 낸 선수들에게 수여된다.
· 수상자는 스포츠 마스터 후보의 타이틀을 갖고 있어야 한다.</td></tr>
<tr><td>소련 스포츠 마스터</td></tr>
<tr><td>스포츠 마스터 후보</td></tr>
<tr><td>제1급 스포츠맨</td><td rowspan="3">· 스포츠맨 칭호는 소련 국내 공식경기에서 우수한 성적을 낸 선수에게 수여되며, 2년간 유효하다.
· 2년이 지나면 선수가 다시 좋은 성적을 내거나 더욱 우수한 성적을 내어서 상위 계급의 직위 칭호를 받아야 한다.</td></tr>
<tr><td>제2급 스포츠맨</td></tr>
<tr><td>제3급 스포츠맨</td></tr>
<tr><td>제1급 주니어 스포츠맨</td><td rowspan="3">· 주니어 스포츠맨 칭호는 15~18세의 선수에게 수여된다.</td></tr>
<tr><td>제2급 주니어 스포츠맨</td></tr>
<tr><td>제3급 주니어 스포츠맨</td></tr>
</table>

출처: 김재련(1989: 323~354)

'스포츠 등급' 제도는 운동 코치들이 각 지역에서 우수한 선수를 발굴하여 지도하며, 선수들은 자기개발과 스포츠 실력을 평가받는 데 목적이 있다.[3] <표 2-6>은 구소련의 스포츠 등급 제도를 요약한 것이다.

이와 더불어 정책적으로 주민들의 집단참가와 여가활동을 장려하기 위하여 '1인 2인 운동'을 정책적으로 권장하였다. '1인 2인 운동' 권장이란 한 사람이 한 운동 종목을 선택하여 이를 자기의 친구 또는 친척 등 주변에 아는 사람들에게(2인 이상) 자신의 운동을 소개하고 함께 운동하자고 제안하는 제도이다. 이상의 '스포츠 등급', 'GTO', '1인 2인 운동'을 통해서 구소련은 체육과 스포츠의 저변을 확대하고자 하였다.

---

3 1974년 구소련에는 약 66개 종목의 스포츠가 성행하고 있다(1974년 공식으로 인정된 종목은 50개임). 그중 육상, 체조, 배구, 축구 등이 가장 인기 있고, 준군사적 스포츠 종목으로는 자동차 경주, 낙하산 훈련, 글라이더 훈련, 스쿠버다이빙, 모터사이클 경기 등이 있다. 현재 56개 종목의 등급제도가 있다(Tarasov, 1964: 15).

2) 체육과 여가행정

구소련의 정부조직은 사회주의 체제를 추구하는 대다수 국가의 모델이 되었다. 북한, 중국, 동독 등 대부분의 사회주의 국가는 구소련의 정치, 법, 교육, 체육 등 국가를 구성하는 대부분의 제도를 도입하여 실행하였다. 따라서 사회주의 국가 체제를 연구함에 있어 구소련의 제도들을 이해하는 것은 중요하다. 집단주의적 사회를 추구한 사회주의 국가들 대부분이 구소련의 체육과 여가행정 조직이나 정책을 도입하여 실행하기 때문이다.

구소련의 체육과 여가조직은 국가가 직접 주민의 체육과 여가활동을 관리할 수 있는 중앙집권적이며 통제적인 관료주의적 특징을 가지고 있다. 국가가 전반적으로 지도와 관리를 할 수 있도록 공산당 중앙위원회와 정치국으로 구성되어 있다. 체육과 여가활동은 구소련 공산당 중앙위원회 선전부서에 귀속되어 있으며, 이곳에서 관리를 한다. 체육이 국가 정책을 선전하고 주민들의 이념이나 사상을 통제하는 중요 수단이기 때문에 공산당 중앙위원회에서 직접 관리하는 것이다.

또한 주민들의 체육과 여가활동을 대중화하고 조직적으로 관리하기 위하여 스포츠 기구를 성[4]마다 두어 구소련주민이 자발적으로 결성한 스포츠 단체 및 협회를 관리하고 있다. 이러한 구조는 구소련 공산당이 직접 각 성의 하부 조직들을 관리함으로써 주민들의 체육과 여가활동을 국가 정책에 따라 효율적으로 통제하고 주민들의 사생활까지도 국가가 관리할 수 있도록 하기 위한 것이다.

구소련정부는 각종 스포츠협회, 단체 노동조합들과 조직적으로 네트워크를 구축하였다. 스포츠협회 전연방회의와 중앙위원회·중앙감사위원회가 각종 전문위원회와 연결되어 노동조합, 스포츠협회, 스포츠단체 조직들을 관리하고, 이들 조직은 또 각 지역의 단체들을 연결하여 그 지역의 체육부를 운용

4 '성'은 우리의 '부'에 해당한다. 예를 들면, 교육부, 통일부, 문화체육관광부에 해당한다.

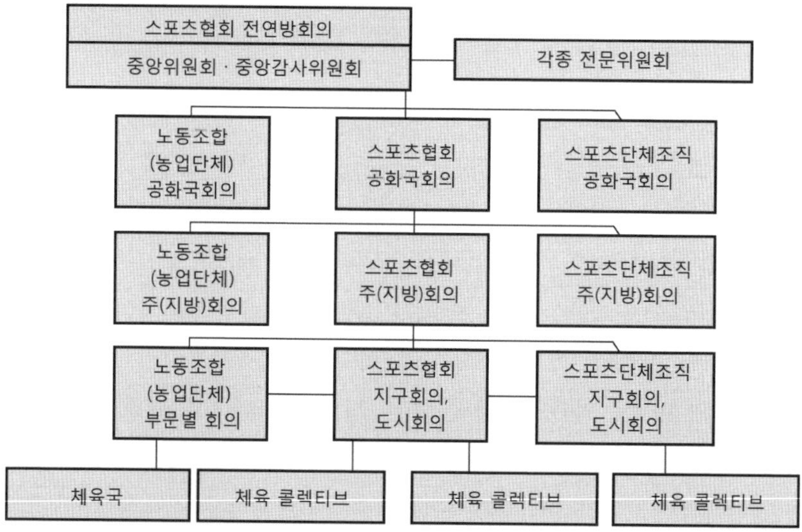

출처: 체육부(1984: 98)

그림 2-1 구소련의 노동조합, 스포츠협회, 스포츠단체의 관계도

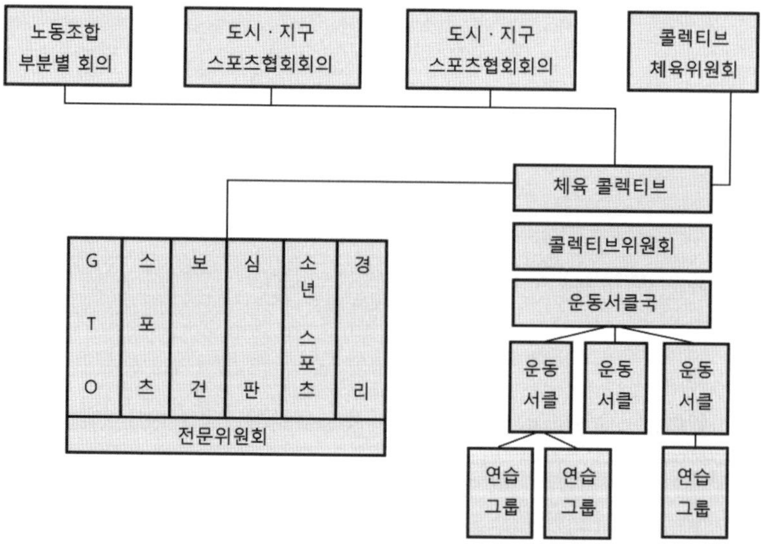

출처: 체육부(1984: 99)

그림 2-2 구소련 전연방 스포츠협회 하부조직

함으로써 주민들의 체육과 여가활동뿐만 아니라 각종 국가 행사에도 주민동원이 효율적으로 이루어질 수 있도록 하였다. <그림 2-1>은 구소련의 노동조합, 스포츠협회, 스포츠단체의 관계를 요약한 것이다. <그림 2-2>는 구소련 전연방 스포츠협회의 하부조직구조이다.

3) 학교체육

구소련의 학교제도는 사회주의적 인간을 형성하고 정신문화적, 물질적으로 공산사회를 건설하는 데 청소년들이 이바지할 수 있는 능력과 기술을 배양하도록 조직, 운영되고 있다(강정호, 1998). 1970~1971년의 개혁조치로 의무 교육의 연한은 10년이 되었다. 이에 따라 초등과정은 3년이며, 연속되는 5년의 전기중등교육과 2년의 후기중등교육을 원칙으로 하여 학교를 운영하였다. 학생들은 후기 중등교육과정의 학교를 수료하면 5~6년의 교육을 실시하는 고등 교육기관에 진학할 수 있다. 그러나 교육은 학교나 대학에서만 진행되는 것이 아니고, 학교 외의 많은 기관 및 단체에 의해서도 실시된다. 이러한 교육기관은 약 40만 개이고, 그 내용은 <표 2-7>에 자세히 나와 있다.

구소련의 체육정책은 청소년들의 체력을 지속적으로 향상시켜 노동과 국방에 대한 준비를 하는 데 그 목적이 있으며, 청소년들의 건강을 향상시키고 민첩성, 지구력, 스피드 및 근력을 발달시켜 필요한 운동기능과 용기, 인내심, 집단의식을 기르도록 사회주의적 인성을 노동과 공공이익에 연결시키고자 하였다. 또한 체육과 위생분야에 있어서 특별한 지식을 학생들에게 심어주어 신체활동에 조직적으로 참가하는 습관과 지속적으로 체육에 관심을 갖게 하는 데 목적이 있다(김창표 · 윤승희, 1985: 47~48).

구소련의 어린이와 청소년들의 체육활동은 학교체육과 학교 밖에서 이루어지는 과외활동과 스포츠 활동으로 나뉜다. <표 2-8>과 같이 학교체육의 경우 취학 전의 유아 체육, 소학교, 중고등학교, 대학교양체육으로 나눌 수

표 2-7 구소련의 교육기관

항목	내용
고등 교육 기관	· 고등 교육기관에 입학을 지원하는 자는 경쟁시험에 통과해야 하며, 대학의 수업연한은 5년임 · 대학의 수준 향상을 목적으로 1969년에 소련 연방 공산당 중앙위원회와 소련 연방 각의에서는 "대학 수순의 교육 시설에 부설된 예비과의 설치"에 관한 결의안을 통과시켰음
기술중등 교육학교	- 중등 전문학교 · 졸업생은 전공에 관계되는 고등 교육기관에 진학할 수 있음 - 직업 기술학교 · 국가의 노동 예비군을 양성하는 곳이었으나, 현재는 대부분의 경우 기업체에 부설되어 있음 · 8년제 학교의 수료자와 그 이하의 교육을 받은 성인들이 입학하며, 행정적으로는 소련연방회에 부속된 직업기술교육국가위원회에 속함
청소년 조직	· 학생들을 중심으로 조직됨 · 공공 성격을 지닌 조직으로 학생위원회, 소년피오네에르, 공산청년동맹이 있음 · 후기중등교육학교와 고등 교육기관에 재적하는 학생들로 조직되는 것이 원칙임
중등학교	· 전기중등학교에서는 4~8학년을 대상으로 마르크스 · 레닌주의의 교리에 기초한 사회 발전의 법칙을 이해함 · 후기중등학교에서는 9~10학년을 대상으로 높은 과학적 수준의 교육을 담당하고, 희망에 따라 기술 중등교육학교나 직업학교에도 진학할 수 있음
초등학교	· 1970년 이후 수업연한은 4년에서 3년으로 단축됨 · 한 사람의 교사가 체육을 제외한 모든 교과를 담당함 · 읽기, 쓰기, 셈하기를 교수함
취학 전 교육	· 보육원과 유치원은 국가에서 설치, 운영하고 있음 · 부모들은 수입 정도에 따라 아동의 전체 교육비의 15~25%를 부담함 · 보육원은 생후 2~3개월에서부터 3세까지의 유아를 수용하는 제1단계의 취학 전 교육시설임 · 유치원은 3~7세의 어린이들을 수용하며 하급, 중급, 상급 집단의 세 연령 집단으로 구분됨

출처: 김창표 · 윤승희(1985: 50)

있다. 학교 체육수업 외에도 학생들의 조직적인 신체활동으로 수업 이전에 실시하는 체조, 수업 도중의 신체활동적인 휴식, 그리고 휴식 시간의 조직적인 신체활동[5] 등이 있다(김창표 · 윤승희, 1985: 50).

5 휴식시간의 조직적인 신체활동은 휴식시간이 길 때만 한다. 일반적으로 소련의 학교 수업시간은 45분이며 휴식시간은 10분이다. 3시간 수업 후에는 30분 이상의 장시간 휴식이 주어진다. 이 시간에 학생들은 게임을 하거나 산책 또는 다른 신체적인 활동을 하게 되어 있다(김창표 · 윤승희, 1985: 50).

표 2-8 구소련의 체육교육

항목	내용
대학교	· 대학의 교양체육은 1~2학년 때 필수과목임 · 3~4학년에는 선택과목으로 되어 있음 · 인기 종목은 육상, 투기(레슬링 삼보), 체조, 축구, 농구, 핸드볼 등임
중등전문 학교	· 산업 전문요원을 양성하는 중등전문학교가 있음 · 산업체와 결연을 맺고 있어 현장에서 필요한 전문적인 요원을 양성함 · 1년에 120시간의 의무적인 체육시간을 가지며 60시간의 선택적인 신체훈련시간을 가짐
중등직업 학교	· 중등전문학교는 체육에서 다양한 종목을 마련하고 있으며, 특히 체조, 육상, 게임, 스키 등을 강조함
중학교	· GTO의 합격을 위한 지도와 팀 스포츠를 장려하고 있음 · 실내사격장 시설이 완비되어 있음
소학교	· 소학교 1학년부터 10학년까지 체육은 필수과목임 · 1주일에 2시간씩 실시하여 3학년까지는 주로 리듬체조 및 각종 팀 게임을 지도함. 긴 스틱을 수용한 체육 프로그램 또는 장애물 돌파게임 등도 장려하고 있음 · 4학년부터 6학년들에게는 맨손체조나 도구를 활용한 기어오르기 등(Rope Climbing, Pole Climbing)을 위시한 팀 스포츠를 장려하고 있음 · 개인 놀이는 장려하지 않음
취학 전 아동	· 부모는 자녀에게 매일 아침 체조를 권장해야 함 · 스케이트, 스키, 수영 및 자전거를 가르쳐야 함

출처: 김창표 · 윤승희(1985: 50)

이와 더불어 학교 밖에서 체육활동을 하는 과외체육활동이 있다. 과외체육활동은 체육집단이나 클럽에서 이루어지고 있으며 체육교사의 직접적인 지도를 받는다. 체육집단은 교사가 스포츠 그룹이나 스포츠 경기를 조직하고 GTO 프로그램의 요구를 충족시키며, 학교 간의 운동경기에 대비하여 학교 팀의 연습을 도와준다. 1970년에 중등교육 의무화를 실시함에 따라 이러한 비율이 증가되었다(김창표 · 윤승희, 1985: 50).

구소련정부의 발표에 의하면, 전체 10~14세 학생의 1/5이 방과 후 개척자 캠프 또는 궁전스포츠[6] 활동을 하고 있다. 여기서 장래성이 인정되면 스포츠 클럽에 가입시켜서 전문코치의 지도를 매주 90~120분씩 받게 한다(김재련, 1989). 구소련의 스포츠 학교[7]는 초 · 중등학교의 운동선수를 양성하

6 북한의 소년회관, 소년궁전과 비슷하게 그 지역의 청소년들 중에 체육에 재능이 있거나 흥미를 가진 학생들을 선발하여 양성하는 곳이다.

는 곳으로 교육위원회의 감독하에 있다. 그러나 구소련 대부분의 스포츠 학교는 시설이 열악하여 지역 관할 체육관, 수영장 시설을 시간 단위로 빌려 쓰고 있는 곳이 많았다.

스포츠 학교 지도자의 경우 국가적으로 자격을 인정받은 코치나 감독으로 구성되어 있다. 스포츠 학교의 입학자격은 일반교양학교에서 자신의 공적 능력[8]과 운동능력에 의해서 결정되며 시험은 공개적으로 입학경기를 실시한다. 스포츠 학교에서의 훈련은 학교수업 이전 또는 방과 후에 이루어지고 있으며, 스포츠 학교의 학생들이 받는 혜택은 무료로 우수한 지도자의 운동지도를 받고 필요한 장비를 지급받는 것이다. 그러나 이러한 혜택이 있음에도 불구하고 스포츠 학교에 등록된 학생의 30%가 첫 해에 학교를 그만두며, 졸업반 학생의 40% 정도가 기준에 미치지 못하고, 졸업생의 6%만이 상급 스포츠 학교에 진학하고 있다(김창표 · 윤승희, 1985: 55~56).

스포츠 학교 학생들의 체육 수준은 특별형태나 전연방(Spartakiada) 대회 등을 통하여 정기적으로 점검, 평가된다. 전연방대회는 지역, 시, 지구, 공화국 단위로 실시되며, 각 연방공화국과 모스크바와 레닌그라드(현 상트페테르부르크) 시의 가장 우수한 중등학교 학생으로 구성된 팀들이 참가하는 전연방대회에서 절정을 이루게 된다. 이 대회에서는 때때로 높은 기록이 수립되기도 하고, 최상급의 학생선수 중 특정 종목에서 국제수준급의 성취도를 보여 주기도 한다. 구소련 시절에 세계적 명성을 얻거나 스포츠 마스터 자격을 획득한 많은 우수 선수는 다양한 청소년 스포츠 학교 출신이었다(김창표 · 윤승희, 1985: 55~56).

---

7 구소련의 스포츠 학교는 1972년 당시 4,106개(김창표 · 윤승희, 1985: 54)로 추정되었다.

8 이론과목에서 훌륭한 성적을 얻는 사람만이 입학이 허가되며 공립학교에서 이론과목에 낙제한 학생은 방학 동안 여러 가지 스포츠 경기에 참가할 수 없다(김창표 · 윤승희, 1985: 54).

2. 중국의 체육과 여가정책

1) 체육과 여가정책의 특징

중국은 건국(1949) 이후 정부 주도하에 구소련의 시스템을 도입하여 운영하는 동시에 중국의 실정에 적합하도록 이를 개혁하고 발전시켜 왔다(김동규·김창권, 2002: 154). 중국 역시 다른 사회주의 국가들과 마찬가지로 체육과 여가에 관심이 많았다. 중국공산당이 건국 초기부터 대중스포츠에 보인 적극적인 관심은 국가지도자의 연설이나 정부의 각종 문건에서 찾아볼 수 있는데, 1952년 마오쩌둥(毛澤東)은 "체육운동을 발전시켜 인민의 체력을 향상시키자"라는 연설문을 공포하였고 1954년 국가체육운동위원회(國家體育運動委員會)에서는 "국가 계획경제건설 시기에 국민의 건강한 신체가 필요하다."라고 공포함으로써 전체 국민으로 하여금 신체단련을 실시하도록 권장하였다(박정한, 2009: 58).

이러한 현상은 구소련을 비롯한 사회주의 국가에서 건국 초창기에 국가가 국민들의 체육과 여가활동을 장악하여 조직적으로 관리했던 것과 비슷한 성격의 것으로, 중국 역시 체육과 여가활동에 관한 법률규정을 만들어 체육정책의 기반을 세우고 본격적으로 강화했었던 것으로 보인다.

(1) 개혁개방 이전의 체육과 여가정책(1949~1978)

중국은 1949년 9월 중공중앙정치협상회의(中共中央政治協商會議)[9]에서 '국민체육의 역동적인 발전을 추진할 것'을 강조하였다. 이어 같은 해 12월 제1차 전국교육사업회의(全國教育事業會議)에서 마오쩌둥은 "신중국의 교육은 구해방구(舊解放區)[10]의 신(新)교육 경험을 기초로 구(舊)교육의 유용

---

9 중공중앙정치협상회의(中共中央政治協商會議): 중국공산당회의를 지칭한다.

10 구해방구(舊解放區): 옌안을 지칭한다.

한 경험을 흡수함과 동시에 구소련의 경험을 학습한다."라는 강령을 발표하였다(목정균, 1991: 43). 중국 역시 북한과 마찬가지로 해방전쟁 직후에는 구소련의 체육정책에 많은 영향을 받았지만, 체육과 여가와 관련된 전문기관이 없었기 때문에 공청단(共靑團)[11]이 중앙의 위탁을 받고 구체적인 스포츠 사업을 관리하였고, 1952년 덩샤오핑(登小平)의 건의로 군간부 허룽(賀龍)이 국가체육운동위원회의 활동을 활발히 진행하였다.

또한 중국은 국가 위상을 과시하기 위한 목적으로 1950~1960년대의 엘리트 체육정책의 중요한 기본 틀로 거국체제를 제시하였다. 김수욱(2010)은 중국의 거국체제란 1950~1960년대 사회주의 계획경제하에서 엘리트 체육의 목표 설정이나 운영, 관리에 있어 국가 주도의 역량이 결집되어 나타난 제도라고 언급하였다. 거국체제의 특징은 <표 2-9>와 같다.

1952년 11월, 정무원(政務院)[12]의 제19차 회의의 결정에 따라 국가체육운동위원회를 설립하여 제15회 헬싱키올림픽의 참가를 위해 '엘리트 스포츠 선수의 집중양성을 위한 통지문'을 반포하여 엘리트 스포츠에 대한 집중투자를 실행하였다(김동규 · 김창권, 2002: 158). 이와 더불어 중국 역시 다른 사회주의 국가와 마찬가지로 국민들의 체력 향상을 통해 국방력과 노동력을 강

표 2-9 거국체제의 특징

첫째, 거국체제는 행정시스템을 이용하여 스포츠 사업을 관리함. 중앙정부의 최고전담부서였던 국가체육위원회로부터 성, 자치구, 직할시, 현 등 지방정부의 체육위원회에 이르기까지 체육행정 시스템을 통해 효율적 관리를 함. 종목별 운동선수 등급표준, 포상제도, 체육대학교의 전공 설계, 운동선수의 복장, 음식제공표준 등을 정부의 문건을 통해 세부적으로 관리함
둘째, 거국체제는 국가 재정에서 필요한 비용을 확보하는 체계임. 사회적 경제가 낙후했던 계획경제시기의 산물로서 시장메커니즘이나 민간운영이 활성화되지 않은 중국에서는 단기간의 성적 창출을 위해 필요한 자금을 국가의 지원으로 해결함
셋째, 거국체제는 전국의 체육자원을 통합적으로 운영함. 정부는 시 · 현급 체육계 학교로부터 성 · 직할시 · 자치구 지방대표팀, 국가대표팀에 이르기까지 전국 각지의 모든 스포츠 사업을 국가목표에 통합시켜 3단계 훈련시스템을 구성함

출처: 김수욱(2010: 36~37)

11 공청단(共靑團): 공산당 청년조직을 지칭한다.
12 지금의 국무원(國務院)이다.

화하고자 하였다. 국민들은 체육과 여가활동으로 군사훈련을 하였으며, 구소련의 GTO[13](김재련, 1989: 334)를 도입하여 중국식 GTO인 "노위제(勞衛制)"[14]를 고안하였다. 노위제는 1급, 2급과 소년급의 분류로 체력의 표준을 정하고 있으며, 구체적 사항은 <표 2-10>, <표 2-11>, <표 2-12>에 제시한 바와 같다. 이 노위제에는 1955년 말에 각급에 약 8만 명의 합격자가 있었으며, 1956년 말에는 329만 6,206명이 참가하여 소년급 14만 7,415명, 1급 56만 7,485명, 2급 5만 2,640명으로 총인원 80만 명, 1957년 상반기에는 약 130만 명, 하반기에는 약 168만 명 이상의 합격자를 배출하였다.

그러나 중국의 체육정책은 구소련이나 북한과는 달리 1960년대에 공산당 지도부가 지향한 노선상의 착오와 자연재해,[15] 그리고 구소련과의 이데올로기 분쟁[16] 등으로 인해 지속적으로 발전하기는 어려웠다(김동규·김창권, 2002: 161). 1966년 5월부터 시작된 10년간의 '문화대혁명'은 무정부 상태라 일컬을 정도로 정치·경제가 최악으로 치달은 사건으로, 체육계에도 많은 영향을 주었다. 중국 전역이 정치투쟁으로 인해 '일체를 타도하는 전면내란'에 휘말려 체육계의 많은 리더가 '주자파(走資派)'로 몰려[17] 문화대혁명의 영향에서 벗어나지 못했다(김동규·김창권, 2002: 166).

---

13 1931년 3월 소련정부는 국민 체육 적성의 수준 향상과 소련 체육 통제와 관리를 위하여 공산주의 체육의 한 수단으로 체육과 스포츠를 이용하고자 'GTO'(나는 노동력과 방위준비를 한다) 제도를 고안하여 실시했다(1. 구소련의 체육과 여가정책 참조).

14 노위제는 1964년 국가체육단련표준(國家體育鍛鍊標準), 1974년 국가체육단련실행조례(國家體育鍛鍊失行條例)로 명칭이 변경되었다(國務院, 1975).

15 1960년대부터 시작된 3년간의 자연재해로 중국 국민은 많은 어려움을 겪었다.

16 1960년 초반은 중국식 사회주의를 지향하는 세력과 소련식 사회주의를 지향하는 세력 간의 양대 의견대립이 대두되어 정치적인 갈등이 치열한 시기였으나 류사오치, 덩샤오핑이 이끈 공산당 수뇌부는 "조정(調整)·공고(鞏固)·발전(發展)" 정책을 제출하여 정치·경제의 온건한 발전을 시도하기도 하였다.

17 예를 들면, 1969년에 국가체육운동위원회 주임인 허룽(賀龍)이 '주자파'로 낙인되어 숨진 사실, 당시 유명한 탁구 코치였던 푸치팡(傅其芳), 룽궈퇀(容國團), 장용링(姜永寧) 등도 스파이로 몰려 억울하게 숨진 사실 등이 있다. 그뿐만 아니라 각 계층의 체육운동위원회 운영이 대부분 정지되었으며, 체육시설이 황폐해지고 체육신문·잡지가 출간되지 못했으며, 체육대학의 학생모집이 중단되었고, 운동팀이 해체되고, 국제스포츠 교류가 중단되어 버렸다. 많은 감독, 코치와 선수는 정치적인 피해로 오랫동안 매장되었다.

표 2-10 노위제 1급 기준표

운동 종목	남자				여자			
	16~18세	19~30세	31~40세	41세 이상	16~18세	19~30세	31~40세	41세 이상
1. 100m 달리기(초)	14.4	14.2	15.0	-	17.0	17.2	17.8	
2. 1500m 달리기 (분.초) 800m 달리기 (〃)	6 -	5.50 -	6.30 -	7.30 -	- 3.30	- 3.45	- 4.15	- 4.50
3. 높이뛰기(cm) 멀리뛰기(〃)	115 330	120 420	115 410	105 340	105 310	100 310	95 290	90 250
4. 역도[18] 매달리기(회) 줄 오르기(m)	- 6 3	- 7 3	- 4 2.5	- 3 2	- 5 2.5	- 5 2.5	- 4 -	- 3 -
5. 사격[19] 수류탄 던지기(m) 행군(분)	- 30 44	- 32 42	- 32 47	- 30 51	- 17 38	- 18 36	- 18 40	- 17 42
6. 스포츠 행진 3km(분) 〃 6km(〃) 자전거 횡단 10km(〃) 〃 20km(〃)	- 36 - 46	- 33 - 43	- 38 - 48	- 36 - 46	19 - 28 -	17 - 25 -	21 - 30 -	19 - 27 -
7. 수영: 남 100m, 여 50m	시간은 무관		영법은 무관		시간은 무관		영법은 무관	
방상: 남1,500m, 여800m(분.초)	5.30	5.20	5.40	5.50	2.40	2.45	2.50	3

18 노위제 역도 기준표

	노위제 1급		노위제 2급	
	밀기	당기기	밀기	당기기
50kg 미만	30	40	37	53
50~56 (kg)	35	45	42	58
56~60 (kg)	40	50	47	63
60~67.5 (kg)	43	53	52	68
67.5~75 (kg)	45	55	57	73
75kg 이상	48	58	62	78

19 노위제 사격 기준표

소총 종류	목표	거리 (m)	사격 자세	사용탄수		사격시간		표준	
				시사	본사	시사	본사	1급	2급
1. 군용소총	4호 표적	100	의탁	3	5	제한	제한	22점	25점
2. 상동	직경 30cm 흑점	100	복사	3	5	없음	없음	간격 최고 25cm	간격 최고 20cm
3. 소구경소총	7호 표적	50	상동	3	5	상동	상동	25점	30점
4. 상동	직경 14cm 흑점	50	상동	3	5	상동	상동	간격 최고 8cm	간격 최고 4cm
5. 상동	6호 표적	25	상동	3	5	상동	상동	25점	30점
6. 상동	직경 7cm 흑점	25	상동	3	5	상동	상동	간격 최고 4cm	간격 최고 3cm

표 2-11 노위제 2급 기준표

운동 종목	남자			여자		
	17~30세	31~40세	41세 이상	17~25세	26~35세	36세 이상
1. 100m 달리기(초) 200m 달리기(초)	13.6 28	14 30	16 43	16 -	17 -	18.2 -
2. 3000m 달리기(분.초) 800m 달리기	12.10 -	13.30 -	15 -	- 3.20	- 3.50	- 4.30
3. 높이뛰기(cm) 멀리뛰기(〃)	135 480	125 440	120 390	110 360	105 330	100 300
4. 역도* 매달리기(회) 줄 오르기(m)	- 10 4.5	- 8 3.5	- 6 2.5	- 8 3.5	- 7 -	- 5 -
5. 사격** 수류탄 던지기(m) 행군(분)	- 40 70	- 38 75	- 32 85	- 23 54	- 21 60	- 18 65
6. 수영: 남 100m, 여 50m 빙상: 남 3000m, 여 1500m(분.초)	시간은 무관 10.30	영법은 무관 10.40	시간은 무관 10.50	영법은 무관 5.15	시간은 무관 5.30	영법은 무관 5.45

* 각주 18 참조, ** 각주 19 참조

표 2-12 노위제 소년급 기준표

운동 종목	소년	소녀
	13~15세	13~15세
1. 60m 달리기(초)	9.6	10.6
2. 400m 달리기(분.초)	1.25	1.40
3. 넓이뛰기(cm)	350	300
높이뛰기(cm)	110	100
4. 수류탄 던지기 500g(m)	24	15
5. 소프트볼 던지기(m)	32	21
6. 줄 오르기(m)	3	2

(2) 개혁개방 이후의 체육과 여가정책

1978년 이후 체육정책은 <표 2-13>과 같이 계획적 상품경제 단계(1978~1992)와 시장경제 추진단계(1993~2000), 시장경제 심화단계(2001~현재)로 나눌 수 있다(김수욱, 2010: 47~50).

계획적 상품경제 단계(1978~1992)는 중공11기3중전회[中國共産黨第十一

표 2-13 1978년 이후 중국의 체육정책 단계

체육정책 단계	시기
계획적 상품경제 단계	1978~1992년
시장경제 추진 단계	1993~2000년
시장경제 심화 단계	2001년~현재

출처: 김수욱(2010)

屆中央委員會第三次全体會議]에서 개혁개방을 선포한 후로부터 1992년 제 14차 전당대회에서 사회주의 시장경제체제 수립을 선포하기까지로, 총체적으로 보아 계획적 상품경제시기에 속한다. 따라서 이 시기는 계획적 상품경제하의 엘리트 체육체제를 확립하는 단계라고 할 수 있다.

시장경제 추진 단계(1993~2000)에서는 계획경제시기의 관리체제를 사회주의 시장경제체제에 부응하는 스포츠 관리체제로 전환하여 점차 국가가 조정하고 사회에 의거하는 생기와 활력이 넘치는 체육체제를 실현할 것을 강조하였다. 이때 제시된 체육개혁의 방법은 체육행정의 기능분화, 행정과 경영의 분리와 단일종목운동협회의 내실화를 추진하는 것으로 이에 따라 20여 개의 스포츠 종목관리센터가 설립되었다.

시장경제 심화 단계(2001~현재)에서는 각종 국제대회와 2008년 베이징 올림픽의 성공적인 개최와 역대 최고 성적을 기록하는 것을 목표로, 중국 스포츠 정책의 근간이 되어 온 거국체제 정책을 더욱 강화하고 개선할 것을 제시[20]하였다(김수욱, 2010: 50).

중국정부는 스포츠 발전에 지대한 관심을 기울이며 시기별로 변화의 과정을 보이면서 엘리트 스포츠와 사회체육 활성화의 병행을 시도해 왔다. 스포츠 개혁정책은 엘리트 스포츠에 있어서 경기력의 급속한 향상을 가져왔으며

20 이 시기 체육정책의 특징은 발표된 공공문서를 통해 확인할 수 있다. 「2001~2010년 체육개혁 및 발전 강요」, 「새로운 시기 스포츠사업의 강화, 개선을 위한 중공중앙 국무원 의견」, 「2001~2010년 올림픽 필승 강요」, 「체육사업 11차 5년 기획」 등의 공공문서에서 '거국체제 유지 및 진일보 완성화'를 정책 의제로 명확히 제시하고 있다(김수욱, 2010: 50 재인용).

지속적인 경제성장과 생활 수준의 향상에 수반하여 사회체육의 보급과 활성화에서도 큰 성과를 내었다. 1996년에는 전민건신계획강요(全民健身計劃綱要)[21]가 실시되었다. 현재 중국은 대도시를 중심으로 여가스포츠가 신속히 보급되고 있으며 농촌에서도 스포츠 참여인구가 증가하는 추세이다. 13억 명을 넘어서는 중국인들에게 보다 효율적으로 스포츠를 향유하게 하는 일은 쉽지 않은 과제라고 볼 수 있으며, 이에 보다 조직적이고 계획적인 대안으로 제시된 것이 전민건신계획강요라 할 수 있다.

여가스포츠의 활성화에 기여하는 제도 중에는 정기적으로 개최되는 전국노동자체육대회, 전국농민체육대회, 전국소수민족전통종목운동대회, 장애인체육대회 등 다양한 계층을 아우르는 대회들이 있다. 이는 여가스포츠의 활성화가 기존의 일방적인 정부시책에서 벗어나 사회단체, 개인이 조직하고 참여하는 다채로운 형식으로 확산되고 있음을 보여 준다.

2002년 국가체육총국(國家體育總局)[22]의 여가스포츠 현황조사에 따르면 운동을 생활화하고 있는 7~70세 인구는 33.9%에 달하여 1996년 대비 2.5%의 상승을 보여 준다(박정한, 2009: 7 재인용). 여가스포츠의 국민건강에 대한 긍정적 기여를 감안해 볼 때 이러한 증가 추세는 경제성장, 사회개방과 함께 지속될 것이다.

2) 체육과 여가행정

중국 역시 구소련과 마찬가지로 국가 차원에서 주민들의 체육과 여가정책을 관리하기 위하여, 중앙에서 지방의 스포츠단체까지 관리할 수 있는 행정조직을 구축하였다.

---

21 중국의 전 국민을 대상으로 신체를 단련하는 활동에 적극적으로 참여하게 하여 체력을 증강시킴과 동시에 민족적 소질의 향상을 도모한다는 대중 스포츠 보급을 위한 계획이다(1996년 6월 20일 시행)(박정한, 2009: 6).

22 1952년 11월 중국체육운동위원회로 성립되어 1998년 3월 24일 국가체육총국(國家體育總局, General Administration of Sport)으로 개칭되었다(박정한, 2009: 7).

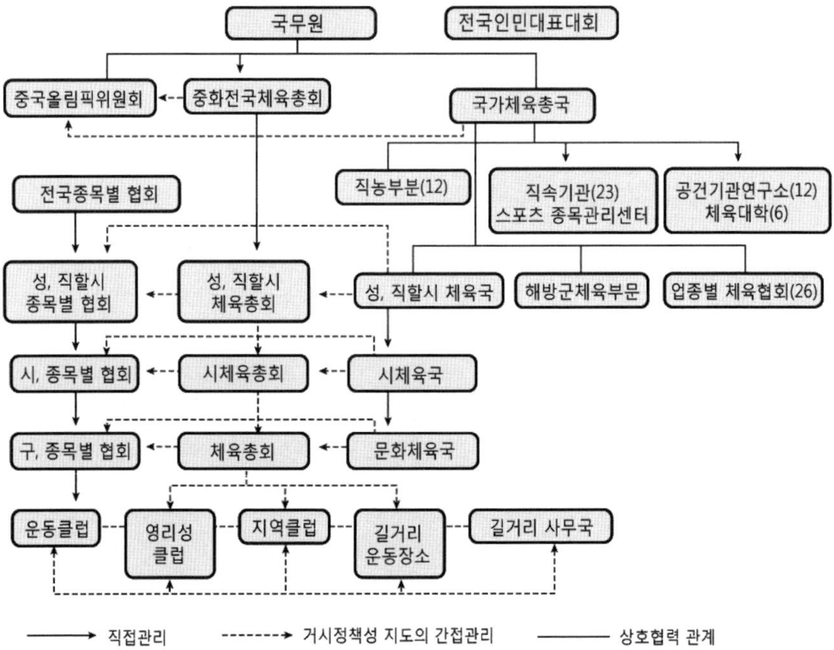

출처: 김수욱(2010: 25~26) 재구성.

그림 2-3 중국의 체육과 여가 행정조직(2004년 이후)

중국의 행정조직구조를 살펴보면, 중국의 중앙정부 권력기구인 전국인민대표대회와 국무원에서 이들 산하의 각종 정책과 체육 담당기관을 관할하고 있다. 이러한 구조이기 때문에 중앙에서 체육과 여가정책을 집행, 감독까지 조직적으로 진행할 수 있는 것이다. <그림 2-3>은 중국의 체육과 여가 행정조직이다. 중국의 주요 조직들의 역할 수행을 살펴보면 다음과 같다.

- 국무원(國務院)

국무원은 중국공산당 최고 행정조직으로 전국인민대표대회와 중앙위원회가 제정한 헌법, 법률 결의를 집행할 의무를 지니고 있다. 주요한 직능은 법률에 의거한 행정조치 결정과, 행정기관의 업무와 내정, 외사 업무에 대한 지도 관리이다.

• 전국인민대표대회(全國人民代表大會, 전당대회)

전국인민대표대회는 헌법상의 최고 권력기관으로서 전국 각 성, 시, 자치구의 인민대표대회와 인민해방군에서 선출한 대표로 구성된다. 헌법과 각종 기본법을 제·개정하고 국가 최고기관의 지도자를 선출, 결정, 파면할 수 있는 권한을 갖고 있다. 중국공산당의 최고 의결기구인 전당대회는 5년에 1회 개최하며 1년에 1회 연례회의가 열린다.

• 중국올림픽위원회(中國奧林委匹委員會)

중국올림픽위원회는 올림픽운동과 체육발전에 기여하는 것을 주요 임무로 표방하며, 동·하계올림픽 참가와 이에 소요되는 경비와 장비 등의 지원 업무를 수행한다. 중국올림픽위원회는 체육발전과 올림픽운동의 전개를 임무로 하는 민간형의 체육 조직으로서 중국의 올림픽 관련 업무를 수행하며, 국제스포츠 무대에서 중국을 대표하여 국제 간 교류에 참여하는 실질적인 기구 조직이다. 그렇지만 관리체제는 국가체육총국이 맡고 있어 인력이나 조직 모두 국가체육총국 내에 포함되어 있으며, 대외적인 활동의 필요에 따라 올림픽위원회의 명의로 활동하고 있다(김수욱, 2010: 27~33).

• 중화전국체육총회(中華全國體育總會)

중화전국체육총회는 한국의 대한체육회와 성격이 비슷한 체육 조직이다. 중화인민공화국체육법 제5장 제37조의 규정에 의하면 중화전국체육총회는 '운동선수와 체육관사, 종사자와의 연계와 단결을 주도하는 대중적 성격의 체육 조직'으로 규정되고 있다. 1949년 이전의 '중화전국체육협회'가 '중화전국체육총회'로 개명되었으며, 이후 중화전국체육총회는 대외적으로 중국을 대표하는 체육 조직으로서 역할을 수행하고 있다. 중화전국체육총회는 민간형 성격의 체육 조직이지만 실질적으로 국가 행정기관인 국가체육총국 산하에 있

표 2-14 국가체육총국의 역할

첫째, '전민건신계획강요', 즉 생활체육 발전계획의 추진과 생활체육 활동의 전개 및 지도, 그리고 국가체육단련 지표를 실시한다.
둘째, 엘리트 체육 발전을 기획, 총괄하고 스포츠 종목 관리 및 업무를 관장하며 반 도핑 업무와 관리를 책임진다.
셋째, 체육 관련 외교업무를 지도한다. 국제 간 체육교류 및 홍콩, 마카오, 대만과의 체육부문에서 협조와 교류 업무를 총괄하며 국제경기의 참가와 개최에 대한 업무를 관리한다.
넷째, 체육 분야의 중요한 과학기술 연구의 추진과 성과를 보급한다.
다섯째, 체육산업 정책과 체육시장 발전 연구와 제정, 체육 관련 경영활동의 업무 조건과 심사규정을 제정한다.
여섯째, 기타 국무원 지시 사항을 이행한다.

출처: 김수욱(2010: 28)

으며 조직, 기구, 인력 등은 국가체육총국으로부터 지원받으며 대외적 활동이 필요할 때 중화전국체육총회의 명의로 활동한다.

- **국가체육총국(國家體育總局, 중앙체육행정조직)**

국가체육총국(구 국가체육위원회)은 체육과 관련된 전반적인 업무의 연구, 제정 그리고 실시와 관리감독을 맡고 있다. 또한 체육의 체제개혁 지도, 체육 발전 제정, 체육업무의 중장기 발전 계획 수립, 지역별 체육발전을 조정하는 역할도 한다(표 2-14).

3) 학교체육

최근의 중국의 학교체육 목표는 학생들의 체력향상과 심신의 조화로운 발달을 추진시켜 학생들로 하여금 높은 운동수행 능력과 양호한 사상품성을 길러 덕(德)·지(智)·체(體)의 전면발전을 도모하고 창의력 있는 사회주의 후계자로 양성시키는 것이다(金欽昌, 1994: 49).

중국의 학교체육은 1949년 중화인민공화국이 성립되면서 중국정부가 관료주의를 청산하고 토지를 농민에게 무상으로 분배하는 등 사회주의로의 사상개조와 함께 시작되었다. 1917년 마오쩌둥은 "신체문화는 지덕(知德)에 대한 찬사이다. 우선적인 견지에서 신체는 지식을 포함하고 있으며, 지식은 덕(德)에 의해 자리 잡고 있다. 그러므로 어린이들의 신체적 필요성을 첫 번째 관심으로 생각해야 하며, 그다음에 덕과 윤리를 함양할 수 있다."(Mao Zedong, 1962)라고 언급하였다.

마오쩌둥의 이러한 철학에 따라 1951년 8월 국무원에서는 '학생의 건강 상황 추진에 관한 결정'을 반포하여 "학생의 신체건강을 증진시키는 것은 학생들이 학업임무를 완성하고 강건체혼(强健體魂)의 현대청년을 양성하는 데 중대한 임무 중의 하나"라고 강조하였다. 교육부는 이에 근거하여 초등학교 1학년부터 대학 2학년까지 체육을 필수교과로 정하고 매주 2시간씩 수업을 하게 하였다(김동규 · 김창권, 2002: 130). 그리고 전 국민의 체력강화를 위해 구소련의 GTO를 모방하여 노위제(勞衛制)를 제정하였다.

이어 마오쩌둥은 1957년에 "인민내부모순을 정확히 처리하는 데 관한 문제"라는 문헌에서 "우리의 교육방침은 교육받는 자들로 하여금 덕육(德育), 지육(智育), 체육(體育) 등의 면에서 모두 발전을 가져오게 함으로써 사회주의 정신을 함양시키고 문화인으로서의 노동자를 양성하는 것이다."라고 사회주의 중국의 교육방침을 제정하였다. 이 교육방침은 1985년의 '중국교육체제개혁(中國敎育體制改革)'이 있기까지 지속되었다(김동규 · 김창권, 2002: 31).

1966년부터 시작된 '문화대혁명(文化大革命)'으로 인해 많은 교육전문가들이 박해[23]를 받았으며(전명용, 1998: 20), 학교 현장은 교육전문가가 아닌 노동자나 학생들이 교육을 담당하는 상태가 되었다. 학생들이 스스로 교재를 만들어 가르치고 배웠으며, 노동자와 농민들이 학생을 가르쳤다(金欽昌,

---

23 1980년 중국 최고인민검찰청(最高人民檢察廳)의 조사 자료에 의하면 '문화대혁명(文化大革命)' 기간(1966~1976)에 무고하게 박해를 당한 교육부 소속의 간부나 교사는 14만 2,000명에 이르렀으며, 위생부 소속의 14개 의과대학 674명의 교수 중 500여 명 이상이 박해를 당했다. 1965년 '문화대혁명'이 시작되기 직전 전국의 대학에 7,800여 명의 교수가 있었으나 1977년에 5,800명으로 감소되었다. 그중 일부는 '문화대혁명' 중 박해를 받는 과정에서 사망하였다. 대학도 1965년 434개였으나 1971년에는 328개 대학만이 남게 되었다.

표 2-15 소(小) · 중(中)학교의 체육수업시수(1997)

지역별(학교수)	정상수업률	시수 비율		
		3교시/주	2교시/주	1교시/주
농촌 1류(21) 2류(110) 3류(18)	81.90 85.39 90.95	9.63 11.59 18.66	84.96 81.12 82.96	5.24 4.04 0.88
도시(44)	90.58	11.63	93.14	1.55
전체학교(193)	87.20	12.88	85.53	2.92

1994: 16). 당시의 학교체육수업을 살펴보면 '노동체육(勞動體育)'과 '군사체육(軍事體育)'이 주를 이루었다. 이와 같이 학교체육은 10년 동안 정체성을 상실하였으며, 모든 것이 소위 '무산계급독재의 사회주의'를 위한 정치와 인간의 개성이 도외시되고 정치인들의 권력유지를 정당화시키는 도구로 이용되었다(김동규 · 김창권, 2002: 135). 이러한 현실 속에서 학교는 체육뿐만 아니라 모든 과목에서 본연의 교육목표를 상실한 채 파행적으로 운영되었다.

1976년 10월 '4인방(四人邦)'이 실각한 이후 1978년부터 정치 · 경제 면에서 개방 · 개혁정책이 시작되었으며 교육 분야에서도 '문화대혁명'의 잔재를 청산하기 시작하였다. 1978년 중국공산당 제11차 3중전회의 개최와 함께 엘리트 체육정책뿐만 아니라 학교교육도 점차적으로 개방 · 개혁을 향한 새로운 발전단계에 들어서게 되었다.

1978년과 1987년에 체육요강이 수정, 반포되었으며 1993년에 9년제 의무교육과 체육수업요강이 반포되어 오늘날에 이른다. 소(小) · 중(中)학교의 체육수업시수는 <표 2-15>와 같다.

중국에서는 다분히 정부 주도적인 체육정책이 시행되는바 국가체육총국 직속의 6개 체육대학교가 지정되어 있으며 이는 <표 2-16>과 같다. 이들 정부 직속 체육대학교는 운동선수의 육성과 교육을 전담하고 있다. 국가 중점 체육대학교는 체육총국의 업무지원을 받고 있으며 체육과 관련된 연구와 교육 업무도 담당하고 있다. 이 밖에 지도자 연수교육을 수행하고 있으며 체

표 2-16 중국의 6개 직속 체육대학교

베이징(北京)체육대학교	상하이(上海)체육대학교	우한(武漢)체육대학교
시안(西安)체육대학교	청두(成都)체육대학교	선양(沈陽)체육대학교

육 관련 출판과 간행물 제작 업무도 담당하고 있다. 중국 엘리트 체육의 과학적 지원을 위한 과학 인력의 인프라는 상술한 연구기관의 과학자뿐만 아니라 일반 체육대학교의 교수진들이 전문 영역별 특성에 따라 과학적 훈련 지원 역할을 수행하고 있다. 1987년 국가교육위원회(國家教育委員會)에서는 1978년에 제출한 체육수업요강과 교과의 수정안을 보완하여 9년제 의무교육의 학교체육요강을 전국에 반포하였다. 그리고 전국적으로 통일된 대학용(大學用) 체육수업요강과 체육교과 및 참고서를 편찬하였다. 최근에는 체육수업과 건강교육을 결합시키는 학교체육 개혁을 활발히 진행시키고 있다(金欽昌, 1994: 16).

3. 동독의 체육과 여가정책

1) 체육과 여가정책의 특징

동독[24]은 1949년 10월 7일 동독정부를 수립한 후 1990년에 통일이 될 때까지 세계 최고 수준의 경기력을 보였다(심승구 · 김미숙, 2008). 하지만 이는 스포츠만의 순수한 성취로 인식되지 않는다. '동독 스포츠'라는 단어에는 언제나 '정치'라는 단어가 따라붙는데, 이는 동독 스포츠를 인식하는 일반적인 관점을 한마디로 말해 주고 있다. 동독을 포함한 공산권의 스포츠를 말할 때 '스테이트 아마추어(state amateur)'라는 용어를 사용하여 지칭하는데

24 동독과 서독은 1990년 10월 3일 하나의 국가로 통일되었다.

표 2-17 동독의 독일민주공화국 헌법

1. 第18조 3, 체육 · 스포츠 시행은 사회주의 문화의 요소로서 시민의 전면적인 육체적 · 정신적 발전에 봉사한다.
2. 제25조 3, 전 시민은 문화적 생활에 참가하는 권리를 갖고(중략), 문화적 생활, 체육과 스포츠의 시민 참가는 국가 및 사회에 의해 추진된다.
3. 제35조 1, 독일 민주공화국의 각 시민은 건강과 노동력의 보호를 구할 권리를 찾는다.
4. 제35조 2, 그 권리는 노동생활의 여러 조건의 계획적 개선으로부터 국민의 건강조성에 전반적 사회정책, 체육, 학교 스포츠와 국민 스포츠 또는 여행, 추진에까지 보증된다.

출처: 채광호(1990: 500)

(이세원, 1973: 28), 이는 심승구와 김미숙(2008)이 지적한 것처럼 국가 주도의 아마추어 스포츠가 크게 발달했음을 상징적으로 의미하는 것이다.

동독의 정책 역시 다른 사회주의 국가들이 시행한 것과 유사하게 체육활동 중심의 주민 여가활동에 중점을 두었다. 특히 동독은 히틀러 독재기간에 이미 주민들의 여가활동이 체육 중심으로 이루어졌기 때문에 다른 사회주의 체제 국가들보다 체육 중심의 여가활동에 대한 장려가 초기부터 조직적으로 이루어졌다.

동독 체육은 사회주의적 이념을 근간으로 하는 헌법에 기초하여 체육정책을 전개하였으며, 이에 동독정부는 <표 2-17>과 같이 헌법 제18조 3항, 제25조 제3항, 제35조 1-2항 등에 국민의 신체활동 참여를 의무적으로 명시하였다. 이를 통해 동독정부는 스포츠를 사회주의적 목표를 실현하기 위한 도구로 사용할 수 있는 근간을 마련하였다(박성률 · 오동섭, 2009).

이러한 동독의 헌법은 동독이 서독과 통일되기 전까지 체육과 여가정책을 시행하는 데 기초가 되었으며, 체육 대중화 정책의 기반이 되었다. 체육과 여가활동과 관련된 동독의 헌법은 구소련의 정책과 연결성을 보이는데, 그 까닭은 동독이 제2차 세계대전의 패전국가로 종전 이후부터 구소련의 지배를 받았기 때문이다. 구소련의 영향으로 인해 동독은 집단주의적 사회주의 체제를 받아들였으며, 체육정책 역시 구소련의 체육정책을 도입할 수밖에 없었다.

동독정부는 우선으로 청소년들의 체육과 스포츠 활동을 조직적으로 통제하기 위해 1946년에 '자유독일청소년회'를 조직하였으며, 이를 위한 합법적인 기반을 다지기 위해 1948년 '청소년스포츠진흥법'을 공포하였다. 또한 1948년 10월 1일에는 '동독스포츠위원회(Deutscher Sport Ausschuss, DSA)'를 설립하여 지역체육단체들의 활동을 조직적으로 관리하였다. 이는 동독이 기존 나치체제의 독일식 체육 조직들을 집단주의적 사회주의 체육체제로 전환하는 계기로서의 역할을 하였다. 이러한 구소련식의 사회주의 체육제도가 도입되면서 과거의 전통적인 독일 체육 조직구조, 즉 나치체제의 스포츠 조직은 붕괴(통일원, 1993: 657)되었다.

이와 더불어 1950년에는 청소년들의 스포츠 참가에 대한 법률안을 공포하여 청소년들의 체육과 여가활동에도 관심을 가졌다. 동독 역시 다른 사회주의 국가들처럼 구소련의 GTO 제도와 BGTO 제도[25]를 모델로 주민과 청소년들에게 체력검정을 시행하였다. 청소년들의 경우 스포츠 종목마다 속도, 지구력, 정확성을 검사하여 합격자에게 수여하는 스포츠 배지제도를 도입하였다. 이 배지제도는 대단한 효과를 기록하여, 1970년에서 1976년 사이에 600만 명에게 배지가 수여되었다.

동독 역시 다른 사회주의 국가와 마찬가지로 체육의 대중화 정책[26]을 펼쳤다. 1973년 "당신의 건강을 위하여 1마일을 달리시오"라는 프로그램이 실시되면서 스포츠 복권판매 제도가 시작되었다. 또한 독일의 기업체는 7인 이상이 되면 클럽을 조직하고 동독스포츠연맹에 가입하여 연맹의 모든 시설을 사용할 권리를 보장받았다(권봉안 · 박한병, 1989). 또한 동독정부는 주민들이 스포츠를 통한 여가활동을 할 수 있도록 여러 가지 지원을 하였다. 운동광장이나 체육관, 수영장 등의 확충과 스포츠 클럽의 조직, 통신기관을 활용한

---

25 <표 2-3> GTO 사업 개요, <표 2-4> 19~39세 GTO 기준표, <표 2-5> 40~60(남)/55(여)세 GTO 기준표 참조.

26 독일체조 · 스포츠협회(Deutscher Turn und Sportbund)에는 일반인 회원 약 130만 명이 스포츠 활동에 적극적으로 관여하고 있다. 1980년대 후반 주 2~3회의 스포츠 활동에 참여하는 동독 인구는 1980년대 후반에 이미 35%를 넘었다.

가족대항 볼링이나 크로스컨트리대회, 또는 휴가 이용자를 위한 관광지(향락지) 제공 등 다양한 프로그램을 시행하였다(채광호, 1990: 501).

2) 체육과 여가행정

동독 역시 중국, 북한과 마찬가지로 구소련의 스포츠 조직을 도입하였다. 동독 스포츠단체들의 조직과 구조를 살펴보면, 스포츠, 정당, 국가 간의 밀접한 연관관계가 있으며, 정치국과 사회주의통일당중앙위원회는 국립스포츠협회뿐만 아니라 일반 사회 스포츠단체에 대해서도 직·간접적으로 영향력을 행사하고 있다(통일원, 1993: 663). 시기별 동독의 스포츠 조직은 다음 <그림 2-4>, <그림 2-5>와 같다.

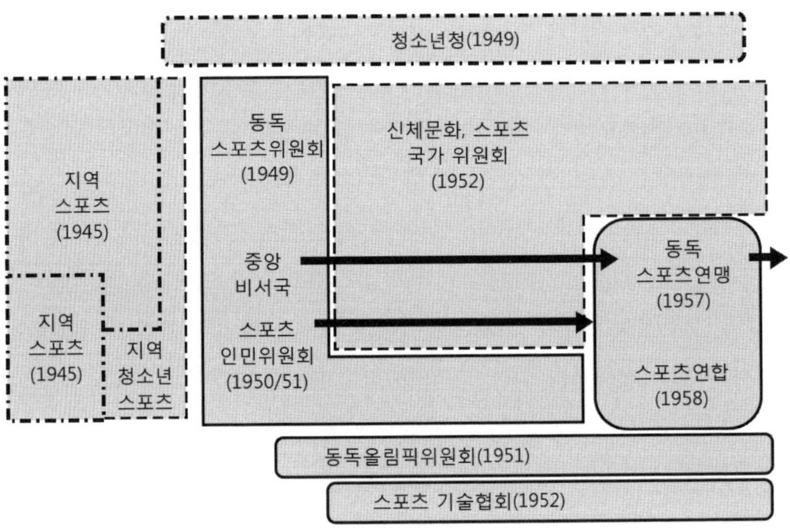

출처: Hoffmann(2003)

그림 2-4 동독의 스포츠 조직구조(1945~1961)

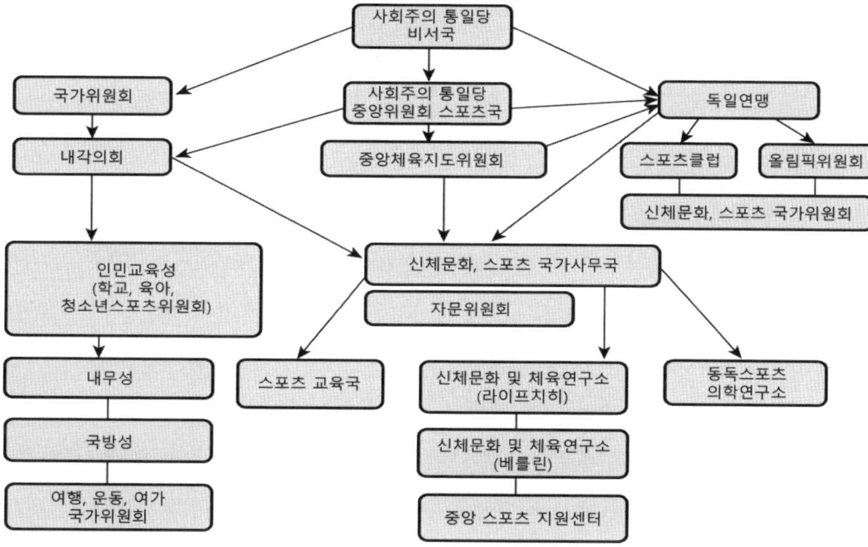

출처: Gieseler(1983)

그림 2-5 동독의 스포츠 조직구조(1983)

3) 학교체육

구소련 점령기에 기틀을 마련한 동독의 교육체제는 구소련 군정 이후에도 발전을 거듭하며 사회주의적 정치이념과 교육이념을 교육하는 데 매진했다(윤용선, 2005). 동독에서는 1965년 2월 사회주의 교육제도가 실시되었다. 3세까지는 탁아소에 가고, 6세가 되면 1학년(공예학교)에 입학하여 10학년에 초등교육과 중등교육을 마친다. 1~6학년은 생산활동에 참여하게 되어 있기에 집단농장, 공장 등지에서 견학과 활동에 참가해야 한다. 7학년부터는 매주 몇 시간씩 실습을 하고, '사회주의 생산통론'이라는 과목을 이수해야 한다. 9~10학년은 직업교육을 받고, 주 3시간씩 정치, 문화, 경제의 기초와 사회개발에 있어서 노동의 중요성을 배운다. 16세에 졸업하게 되면 특수 직업학교(1년제)에 가서 자격증을 받거나, 우수한 성적일 경우에는 일반 직업학교에서 자격증이나 대학입학 자격을 받게 된다. 학업성적이 우수할 경우 연장된 공예학교

(2년제)에 진학해 언어, 고전어, 자연, 수학 및 과학 등을 교육받는다(권봉안·곽한병, 1989). 동독에서는 기본적인 신체능력을 향상시키기 위한 신체단련을 중요하게 생각하였기 때문에 동독의 학교체육 교육은 체조, 육상, 수영 등의 기초 체력 과목에 많은 비중을 두어 이루어졌다. 또한 스포츠과학 및 생리학 이론을 적용하여 수업시수를 정하였다. 신체적 성장이 가장 활발한 4학년부터 6학년까지는 운동기술을 배우는 데 중요한 성장기라고 판단하여 다른 학년보다 주당 1시간씩 더 체육활동을 하였다. 또한 생리학이론을 적용하여 체육수업시수를 정하는 등 동독 체육은 스포츠과학의 발달과도 궤를 같이하고 있다. 동독의 학교체육 수업내용의 특징은 <표 2-18>과 같다.

학교 안에서뿐만 아니라 학교 밖에서의 과외체육활동도 활발하게 장려되었다. 상술했듯이 동독에서는 스포츠가 국가의 위상 강화를 위한 사회적 기제로 작동하였기 때문에 동독의 체육정책은 엘리트 체육으로 기울어졌고, 생활체육으로 분류되는 과외체육활동은 재정적 지원을 받지 못했다. 하지만 동독정부는 사회체육 활성화를 위해 국민 대부분이 지역 스포츠 클럽에 가입하도록 의무화하였으며, 국가 업무법령과 같은 체육행정을 통해 생활체육을 장려하였

표 2-18 동독 학교의 체육 수업내용

항목	내용
스포츠 학교	· 1952년 최초로 청소년 스포츠 기술학교를 세워 우수 스포츠 선수를 양성하였음 · 학생들은 합숙하면서 훈련을 받았고, 3주에 한 번씩 부모를 만날 수 있었음 · 학생들은 학과를 공부하면서 각자 1~2종목씩 주당 10~12시간씩 특별훈련을 받음
대학교	· 매주 2시간씩 4학기를 하게 되어 있음 · 1학년 때 주요한 스포츠의 기본 지도와 군사훈련이 이루어짐 · 2학년 때 특정한 종목을 정해서 수업을 받음 · 체육과목에 생리학 이론이 포함되어 있음 · 학기말 시험에 불합격하면, 국가시험 자격을 주지 않았기 때문에 체육과목이 중요하게 생각되었음
중등학교	· 7~12학년까지 체육 전공 전문가가 매주 3시간씩 수업을 함 · 체조, 수영, 육상 세 가지 종목을 위주로 체육 수업이 이루어짐. 당시 독일 학생들의 96%가 수영 능력이 있는 것으로 조사되었음 · 스포츠로 국제 수준의 우수한 성적을 낸 학생은 대학 입학 자격을 받을 수 있었음 · 고교 선수들 중 우수한 선수는 체육대학 내의 클럽에서 특별훈련을 받기도 하였음

출처: 권봉안·곽한병(1989)의 연구를 참조하여 재구성

기 때문에(박성률 · 오동섭, 2009) 과외체육활동이 활발하게 이루어졌다.

1949년 동독스포츠위원회가 발족하여, 전 지역을 총괄하는 교육정책을 시행하였다. 동독스포츠위원회는 1951년 이후 학교소년단 결성에 중추적인 역할을 하였고, 직장 스포츠 클럽과의 교량적 역할을 수행하였으며, 1956년 이후 동독의 스포츠 저변 확대에 중요한 역할을 수행하였다(박성률 · 오동섭, 2009). 동독스포츠위원회는 '청년과 스포츠 증진법(Youth and Sports Promotion Act)' 입안 권한을 부여받았으며, 독일체육대학(DHFK-German College of Physical Culture)의 건립을 위임받고, 대중스포츠 클럽의 회원을 증가시키고자 노력하였다(스포츠과학연구소, 1983).

1957년 4월에는 '독일체조 · 스포츠협회(Deutscher Turn und Sportbund, 이하 DTSB)'가 창립되어, 정부 부처에 의해 통괄되던 스포츠 정책이 DTSB에 의해 독립적으로 시행되기 시작하였다. 동독 국회의원의 과반수가 DTSB의 회원일 만큼, 동독의 스포츠정책은 전 국민을 대상으로 한 체육과 스포츠 활동 정책 법안을 포함하고 있는데 이를 살펴보면 <표 2-19>와 같다.

표 2-19 동독의 스포츠 활동 정책 법안(1974. 1. 28)

항목	내용
제34조	스포츠는 사회주의 사회, 청년생활의 일부이다. 정기적인 스포츠 활동이 젊은이들에 의해 요구되고 있으며 아울러 그들의 인격개발에 필수적인 요소이다. 사회주의 정부는 모든 생활분야에 있어 젊은이들을 위해 체육교육과 스포츠를 보장하며 스포츠의 선도자이며 조직자로서 '독일 스포츠와 체조 유니온'의 활동을 증진한다.
제35조	교사들은 학생들로 하여금 '독일체조 · 스포츠협회(DTSB)', '자유독일청년단(FDJ)', '스포츠와 기술회(Society for Sports and Technology)', '자유독일 노동연맹(Free German Trade Unions)'에서의 스포츠와 학교 스포츠 클럽, 노동자팀에서 스포츠에 참여하도록 고무한다. 스포츠 활동을 촉진하기 위한 특별계획안을 연례 산업계획과 사업집단 형성에 포함한다. '독일 스포츠와 체조 유니온'은 정기적인 스포츠 활동의 고무를 위한 제안의 권리를 지닌다. 매니저와 집행 기구들은 스포츠의 가치를 인식하고 고무한다.
제38조	'독일 스포츠와 체조 유니온'의 실무진과 협의하여 각료위원회는 체육교육과 스포츠에 관련된 국가의 책임을 결정하며 그 주요 목표를 성취하고 이러한 계획의 물질적인 기반이 국가 경제계획 내에 고려되도록 한다. 각료위원회의 체육과 스포츠 담당 장관은 이러한 계획의 실행과 통제를 책임진다.

출처: 스포츠과학연구소(1983: 21)

이러한 정책의 시행으로 인해 청년들의 스포츠 참여는 정치적으로 장려되었으며, 자연스럽게 지역사회의 사회적 활동으로 자리 잡게 되었다. 'DTSB'는 이러한 정책을 발현, 시행하는 기구 역할을 하여 전국 각지에서 과외체육 활동이 활발하게 이루어지게 하는 역할을 하였으며, 전국 각지에 퍼져 있는 클럽들은 'DTSB'의 기반을 공고하게 형성하는 역할을 하였다.

1978년 5월 26~28일에 개최된 제6회 동독체조 · 스포츠협회의 체조 · 스포츠회의에서 DTSB 정관이 만장일치로 통과되었다. 이 정관은 동독체조 · 스포츠협회를 동독의 사회주의 체육단체로 규정하고, 자국 내 스포츠에 관심이 있는 모든 국민이 스포츠를 영위할 수 있는 가능성을 열어 줄 것을 명시하고 있다. 동독정부는 이를 통해 스포츠가 국민들의 생활 속에 뿌리내리도록 하였다. 이 DTSB는 동독의 전반적인 스포츠 조직을 통괄하였다. 각 스포츠단체는 정부, 노동자 클럽, 주거지 인근 클럽 등과 밀접한 관련을 맺고 있었으며 독일체조 · 스포츠협회의 정기적인 교육을 통해 동독스포츠연맹의 회칙과 경기 및 운동규칙 등이 통일되었다(박성률 · 오동섭, 2009).

1983년 제7차 DTSB에서는 모든 사람을 위한 스포츠(Sport für alle)와 스포츠 집단의 발달과 여가 및 레크리에이션 스포츠를 장려하기 위한 정책을 마련하였다. 동독은 1980년대 후반부터 생활체육으로 정책 노선을 변경하기 시작했다. 생활체육을 장려하기 위해 ① 모든 스포츠단체가 협동적으로 휴식처 및 노동 장소의 공동 프로그램을 작성, 실시하도록 하였고, ② 청소년과 성인의 국가 스포츠 휘장 제도를 장려하였으며, ③ 소속 및 회원 여하를 불문하고 시설 및 프로그램 사용을 인정하도록 하였고, ④ 전통적인 집단 스포츠인 탁구와 배구 등을 장려하였으며, ⑤ 스포츠 축제 및 레크리에이션을 장려하였고, ⑥ 에어로빅 운동을 장려하였다(권봉안 · 곽한병, 1989).

동독은 각 지역사회의 각종 산업 · 농업기관 · 학교에 스포츠 클럽을 설치하였고 국가가 직접 이들을 관리하였다. 청소년들은 연령에 따라 학교 스포츠 클럽(10세 이상 참가), 탈만 조직(Ernst Thälman Pioneer Organisation, 6~14세 참가), 독일 청소년 조직(14세 이상 경쟁)에서 운동을 하였다. 1990

년 당시 8,000여 개의 노동자 클럽이 있었다. 클럽은 클럽회비, 정부시설 보조, 식당과 맥주홀 운영에 의한 수입으로 운영되었다. 동독체육연맹자노동조합에서는 스포츠 프로그램을 작성하여 1주일에 한 번 스포츠 활동을 마련하였고, 공장 스포츠 클럽은 오후 4시부터 9시까지 운영되었다. 정부에서는 스포츠 클럽 운영을 위해 20만여 명의 체육전문지도자와 7만 명의 심판들의 활동을 지원하였다(권봉안 · 곽한병, 1989).

4. 통일 독일의 체육과 여가정책

1) 체육과 여가정책의 특징

동서독의 경우 1990년 통일이 되기 전까지 엘리트 선수들을 중심으로 스포츠 교류가 지속적으로 이루어져 경색된 정치적 분위기를 완화하는 역할을 하였다. 특히 분단 이후 이념의 차이는 있지만, 지속적인 스포츠 교류를 통해 한 민족임을 재차 확인하였으며, 각종 국제스포츠대회에 동서독이 공동 참여한 바도 있다. 동서독의 스포츠 교류는 통과협정(1971. 12. 17), 통행협정(1972. 5. 26) 기본조약(1972. 12. 21: Grundlagenvertrag) 등이 체결된 1972년을 기준으로 나누어 볼 수 있다. 기본조약과 스포츠교육의 내용은 다음 <표 2-20>, <표 2-21>, <표 2-22>와 같다.

1989년 11월 9일 베를린 장벽의 붕괴와 1990년 10월 3일 독일이 통일되는 과정에서 동서독의 체육과 여가분야에서도 통합 정책이 본격적으로 실시되었다. 1990년 3월에 개최된 독일체조 · 스포츠협회 임시총회에서 민주적인 절차로 협회장을 선출하였고, 6월 21일 독일체조 · 스포츠협회의 자산이 청산위원회에 귀속(Niese, 1997)된 이후 동독지역의 체육체제는 서독의 체제에 흡수되었다.

동독주민의 여가활동은 경제적 변화[27]와 민주체제로 변화된 체육과 여가

표 2-20 동서독 기본조약 내용

이 조약은 크게 세 가지로 이루어졌다. 첫째, 재산권, 공민권, 국경 등을 다룬 관련 의정서와 각서 등을 묶은 기본조약 부분이다. 둘째, 유엔 동시가입과 동독의 국제우편연맹과 국제전신전화연맹 가입에 관한 부분이다. 셋째, 소위 구호문서라고 불리는 것으로 이산가족들의 곤경을 덜어 주고 서독 기자들의 동독 취재를 지원해 달라는 요구이다. 조약은 부속의정서 등과 함께 선거를 11일 앞둔 11월 8일 가조인되었고, 1972년 12월 21일 정식으로 조인되었다. 동독과 서독은 무력사용을 포기하고 현존하는 각자의 국경의 불가침성을 존중하기로 약속했다.

출처: Bark & Gress(1989: 116~118).

표 2-21 동서독 스포츠 교류(1972년 이전)

시기	사건내용
1945. 12. 1	서방점령군이 독일의 전 체육단체 해체, 비군사적 체육활동만 허용
1948. 10. 1	동독스포츠위원회(DSA) 설립 : 서독과의 스포츠 교류를 통해 서독 체육인들을 대상으로 한 사회주의 이념교육 선전
1949	동독국가올림픽위원회(NOK: Nationals Olympisches Komitee) 결성
1950	서독스포츠연맹(DSB: Deutscher Sportbund) 결성
1952	올림픽 단일팀 구성 협상 결렬 - 베를린 시의 참가에 대한 동독 측의 불만
1952. 12. 12	재개된 협상 내용: 스포츠 교류는 정치적으로 이용하지 않는다.
1957. 4. 27/ 28	DSA는 동독체조·스포츠협회(DTSB: Deutscher Turn und Sportbund)으로 전환
1957~1961	동서독 스포츠 교류가 왕성하게 이루어짐 -1957(1230), 1958(389), 1960(160), 1961(738)
1961~1966	베를린 장벽 설치 후 스포츠 교류 중단 - DSB, NOK는 동서독 간의 정상적인 왕래가 가능할 때까지 스포츠 교류 중단
1964	동서독 스포츠 교류는 1964년 공동 올림픽 선수단 결성, 후보 선수 선발 경기만 이루어짐 - IOC가 전독일 단일팀만 올림픽에 참여할 수 있다는 입장 고수
1966	동서독 스포츠 교류 재개 - DSB와 NOK의 체육인들의 정기적 만남과 경기교환과 관련된 여러 번의 협상이 이루어졌으나 동독의 국가인정 문제로 성과가 없었음

출처: 민족통일체육연구원(2003: 39 재인용)

27 통일 이후 동독지역의 사회주의 경제체제가 서독의 자본주의 경제체제로 편입되는 과정에서, 동독지역의 많은 기업과 산업체 등이 정리되고 수많은 실업자가 양산되었다(구해모, 2001).

표 2-22 동서독 스포츠 교류(1972년 이후)

연도	내용
1972	- 동서독 간의 기본조약 체결 - 동서독 기본조약 제7조 8호 · 동독과 서독은 스포츠 관계발전을 위해 스포츠 조직 지원 강화 - 서독(1973~1990)은 약 574억 달러 지원 (연평균 32억: 정부 9억 달러, 민간 23억 달러)
1974. 5. 8	- DSB와 DTSB 대표자 최종 조약 서명 : · 스포츠 관계의 규정에 대한 의정서와 내독 스포츠 협상을 위한 공동 성명 협약 · 동서독은 공동 성명서에서 상호 존중, 인정, 평등에 입각하여 관계 구축 · 의정서에서 매년 연간체육계획서 작성 (스포츠 교류상의 재정문제 포함)
1986. 5	문화협정 10조에 의거 스포츠 분야에서 교류 협력을 지원 약속 체결

출처: 민족통일체육연구원(2003: 39 재인용)

정책으로 과거에 비해 스포츠 참여가 줄었다. 동독에서는 각 산업체에서 주민에게 스포츠 시설이나 활동을 무료로 제공했으나 통일 이후에는 유료로 전환되었다. 이에 따른 경제적 어려움과 체육시설 이용의 변화로 인해 동독주민의 체육과 여가활동에도 변화가 생긴 것이다.

독일정부는 동독지역의 낙후된 스포츠 시설의 관리 및 보수와 스포츠 시설 부족 등을 해소하기 위한 방책으로 1990년 10월 독일체육회를 통하여 '새로운 골든 플랜[28]을 수립한다'는 내용의 결의문을 통과시켰다(이용식, 1998). 그러나 재정의 한계로 인해 이에 대한 투자는 집중적으로 이루어지기 어려웠다. 다음 <표 2-23>은 독일의 체육과 여가정책을 요약한 것이다.

독일정부는 국민들의 건강증진을 위해서는 체육과 여가활동이 활발하게 실행되고 있는 스포츠 클럽 내에서 무엇보다도 건강스포츠 프로그램의 질적 수준이 보장되어야 한다고 인식하고 있다. 단순히 체육과 여가활동을 한다고 해서 건강증진에 기여하는 것이 아니므로 독일올림픽체육회는 스포츠 클럽

---

28 이 계획은 서독이 1960년부터 15개년 계획으로 출발시킨 스포츠 시설 건설 계획인데, 제1차와 제2차 각서에서 보는 바와 같이 단순히 스포츠 시설 건설과 더불어 제1의 방향(챔피언십 스포츠)에서 제2의 방향(시민의 일상생활 안에서의 스포츠, 대중화 노선의 스포츠)을 강조한다는 사상적 배경과 시민 스포츠의 구체적 프로그램이라는 측면도 충분히 배려하고 있다.

표 2-23 독일 체육과 여가정책

연도	프로젝트
1970~1974	스포츠를 통한 체력단련(Trimm Dich durch Sport)
1979~1982	함께 운동을(Spiel mit – da spielt sich was ab)
1983~1987	트림 130 - 운동이 최고의 보약(Trimming 130 – Bewegung ist die beste Medizin)
1987~1994	클럽에서 하는 스포츠가 가장 좋다(Im Verein ist Sport am schonsten)
1997~현재	진정한 건강(richtig fit)
2000~현재	건강을 위한 스포츠(Sport pro Gesundheit)
2002~현재	스포츠는 독일을 건강하게 한다(Sport tut Deutschland gut)

출처: 주성순(2011)

에서 실시하는 체육과 여가활동의 질적 보장을 위해 건강스포츠인증제(Qualitätssiegel)를 정책적으로 실시하고 있다.

1990년대부터 건강스포츠의 질적 향상을 위한 노력이 활발하게 실행되었다. 독일올림픽체육회와 주 체육회, 건강보험회사, 대학 연구소 등 여러 체육단체가 건강스포츠의 질적 수준 향상을 위해 프로젝트를 실시하였다(Hardman & Marshall, 2000). 그중에서 1994년 2월 독일체조협회(Deutscher Turner-Bund)가 '플러스득점 건강(Pluspunkt Gesundheit.DTB)'이란 이름으로 처음으로 건강스포츠인증제를 실시하였다.

독일정부는 의료보험회사와 연계하여 건강스포츠 프로그램의 질적 수준을 인정해 주는 프로젝트를 실시하였으며 그 반응 역시 매우 긍정적이었다. 독일체조협회는 독일에서 두 번째로 규모가 큰 스포츠협회로서 500만 명 이상의 회원을 확보하고 있다. 1990년대부터는 건강스포츠를 협회의 중요 과제로 정하고 엘리트 선수 양성뿐만 아니라 여가와 건강스포츠 관련 여러 프로젝트를 실시하여 독일 국민 건강에 크게 기여하고 있다(DTB, 1997, 2003, 2008). 이와 더불어 독일수영협회(Deutscher Schwimm-Verband) 역시 1990년대 중반부터 '수중에서의 건강(Gesund und Fit im Wasser)'이란 이름으로 건강스포츠 관련 프로그램의 질적 보장을 위해 인증제를 실시하고 있다.

이런 건강스포츠에 대한 노력에 힘입어 독일올림픽체육회는 건강스포츠의 체계적인 활성화와 질적 보장을 위하여 2000년 1월부터 '건강을 위한 스포츠(Sport pro Gesundheit)'라는 이름으로 건강스포츠인증제를 정책적으로 실시하고 있다. 물론 '플러스득점 건강'과 '수중에서의 건강' 역시 '건강을 위한 스포츠'에 통합하게 되었다. 독일올림픽체육회는 인증제 실시를 위한 건강스포츠 목표와 질적 평가 기준을 정하고 많은 스포츠 클럽이 참여하도록 장려하고 있다. 2006년 독일올림픽체육회 자료에 의하면 7,000개의 스포츠 클럽에서 대략 1만 4,000개의 건강스포츠 프로그램이 건강스포츠 인증을 받았다(DOSB, 2006).

독일의 스포츠 클럽을 중심으로 이루어지고 있는 체육과 여가활동은 일반인의 생활 속에 자리 잡은 문화적 삶의 한 형태로, 국민 건강 증진에 기여할 뿐만 아니라 적극적이며 건전한 여가선용의 한 분야로 지역사회에 있어 사회적 통합에 기여하는 등 다양한 사회적 순기능을 인정받으면서 복지와 체육과 여가정책을 연결시키고 있다.

독일의 스포츠 클럽은 공동의 이익을 추구하여 클럽회원의 건강과 상호간의 친목을 도모하는 데 그 목적을 두었다. 그리고 청소년들로 하여금 클럽에서 스포츠를 즐길 수 있도록 하였다. 국민 누구나 스포츠 클럽 회원이 될 수 있고 가입과 탈퇴가 자유롭다. 스포츠 클럽은 제3자, 즉 정치적인 영향을 받지 않는 순수한 스포츠단체이다. 새로운 스포츠 클럽과 주정부의 스포츠단체 창립은 새로 탄생한 동독지역의 5개 주(州)에서 1990년도에 이루어졌다. 그러나 동독지역에서 스포츠 클럽의 발전은 '모두를 위한 운동(Sport für alle)'이라는 새로운 시대정신의 스포츠에 초점을 두었다기보다는 과거의 경쟁적인 스포츠 프로그램의 기준과 더욱 밀접한 관련성을 가지고 있었다(Baur, Koch, & Telchow, 1995). 2000년 통일 후의 사회체육은 정부가 담당하는 공익적 스포츠 센터와 상업적 스포츠 센터로 양분되어 가고 있다(이용식, 1998: 74).

동독지역의 몇몇 스포츠 클럽에서 스포츠 클럽 참가회원 수가 증가하고 있고, 사회체육 활성화를 위한 "모두를 위한 운동(Sport für alle)"이 상당히 진척되었으나 서독지역들과는 아직 상당한 격차를 보이고 있다. 특히 청소년들의 스포츠 참여가 줄어들고 있다. 그 이유는 해체된 조직에 대한 대체 조직의 부재와 스포츠 활동 참여비용의 증가에서 찾을 수 있는데, 동독지역에서는 전체 청소년 중 약 20~30%만이 스포츠 클럽 활동에 참여하는 반면, 서독지역 스포츠 클럽 참가청소년은 동독지역의 2배에 이르고 있다(Brettschneider & Sack, 1996: 139~151). 동독지역의 스포츠 클럽 참가 회원 수 증가를 위한 스포츠 시설 인프라 골든 플랜은, 지방자치단체와 주정부의 재정적인 지원과 더불어 현대적인 스포츠 시설 건축을 위한 투자의 필요성이 대두되고 있어 서독지역의 기준이 현실화되기까지 상당한 시간이 요구될 것으로 전망되고 있다(박성률, 2008: 181).

주목할 점은 기존 체육시설 이용의 극대화와 학교 및 클럽 시설의 공동 사용이다. 15년간에 걸친 '골든 플랜'은 독일인들이 '세계적으로 유일무이한 여가를 위한 사회시설'로 자부하고 있듯이 독일은 1961년 시작 당시 15년간의 장기계획을 수립하고 각 분야에서 목표를 초과달성(체육관: 181%, 실내 수영장: 172%, 어린이 놀이터: 190% 등)함으로써 체육시설의 양적 팽창에 지대한 공헌을 한 것이 사실이다(Bringmann, 1976). 우선적으로 같은 지역사회의 클럽 간 협의를 통하여 상호 간 소유하고 있는 기존시설을 효율적으로 이용함으로써 부족한 시설을 극복하는 시도가 이루어졌다. 바로 이러한 것이 스포츠 클럽에 대한 국가의 재정적 지원에 정당성을 부여하는 '자조' 정신에 입각한 클럽의 자구 노력이라 볼 수 있다. 다음으로 기존의 학교체육시설을 클럽이 공동으로 사용하거나 학교와 스포츠 클럽이 공동으로 사용할 수 있는 시설을 새로 건립하여 문제를 해결하고자 하였다. 이러한 방안의 원인은 시설 확충을 위한 부지의 부족과 환경보호의식의 확대, 그리고 부족한 국가 재정에 있으나 가장 중요한 원인은 시설 건립으로 인한 스포츠 클럽의 지나친 재정적 부담에 있다.

따라서 학교 소유의 체육시설을 클럽들이 공동으로 사용하고 건립하는 것을 권장하였고, 이는 결과적으로 학교체육시설의 확충과 질적 향상을 가져왔다. 스포츠 클럽의 회원 중 청소년 회원이 20%를 상회할 경우 사용하고 있는 시설에 대한 사용료를 면제해 주고 있어 청소년의 스포츠 클럽 활동 촉진을 통한 청소년 건강을 도모할 수 있고, 건전한 놀이문화 형성으로 청소년 문제 해결에도 도움이 되고 있다. 또한 청소년 회원 중 우수한 기량을 보유한 선수는 대표급 선수로도 활동할 수 있어 공부하면서 운동하는 분위기 형성이 가능하고 학교운동부 육성으로 인한 문제점도 해결할 수 있어 일석삼조의 효과를 내고 있다(장주호 외, 2000).

한편 스포츠 클럽은 대부분 클럽하우스를 운영하고 있어 체육과 여가활동이 조직적이고 계획적으로 이루어질 수 있다. 왜냐하면 일반적으로 클럽하우스에는 탈의실과 샤워실, 라커룸, 기구대여실, 회의실, 휴게실, 구내매점과 식당, 청소년 룸 등이 있기 때문이다. 청소년 룸은 청소년의 학업 증진이나 청소년 간의 대화 광장 내지는 유대강화 프로그램을 운영함으로써 청소년의 스포츠 클럽 회원으로서의 지속성을 유지하고 미래의 주역인 청소년을 바른 길로 인도한다는 차원에서도 의미가 크다고 할 수 있다(장주호 외, 2000).

2) 체육과 여가행정

통일 이후 서독의 체육과 여가행정체제는 스포츠 클럽과 스포츠단체가 통합된 자율적 행정체제로서 엘리트 체육과 사회체육의 균형 있는 발전을 도모해 왔다. 그러나 통일과 더불어 동서독은 서로 다른 두 스포츠 체제를 통합시켜야 하는 어려움에 직면하게 되었다. 체제통합을 위해 동서독의 독일체조 · 스포츠 협회와 독일체육회는 4개 전문분과, 즉 구조재정 · 관리분과, 엘리트 체육분과, 사회체육분과, 교육 · 스포츠의학분과를 중심으로 통일에 대비한 대표자 간의 상호의견교환을 시작하였고, 동서독 스포츠의 통합형식과 과정 및 형태에 대하여 논의하였다. 이러한 과정을 거쳐 얻어진 결과가 통일협정서의 기본 정신을 근간으로 하여 1990년 6월 28일에 체결된 통합약정서이다. 약정서에 따르면 베를린 시를 제외한 동독지역 5개 주에 각각 체육협회를 창설하고, 동독의 독일체조 · 스포츠협회의 협조를 받아 서독의 독일체육회에 가입서를 제출하도록 하였다. 또한 독일체조 · 스포츠협회는 통일이 이루어지기까지 협회의 기능을 수행하고 추후 해체서를 제출하는 순서로 동서독 스포츠의 통합과정을 결정하였다.

이러한 과정에 따라 1990년 하반기에 실질적인 통합이 이루어지기 시작하였다. 1990년 9월 15일 브란덴부르크의 체육협회가 창설되고 같은 해 9월 27일 동독지역의 주 체육협회 창설이 완전히 마무리되었다. 1:1로 협상을 시작한 독일체육회와 독일체조 · 스포츠협회는 서독 11개 주 및 자치 시 협회들과 동독 5개 주 협회가 마련되면서 협상 당사자 간 정족수 비율이 11:5가 되었다. 동독지역 주 체육협회 창설 작업이 마무리된 다음 1990년 12월 5일 동독의 독일체조 · 스포츠협회가 해체되었고, 12월 15일 동독지역의 주 체육협회가 통일 독일의 최상급 스포츠단체인 독일체육회에 편입되는 형태를 취하게 되었다(김경원, 2002).

독일 통일 이후 동독스포츠협회들은 서독협회에 가입하였는데, 동독축구협회가 서독축구협회의 북동지방을 담당하는 지부가 되었고 새로운 주에 포함되었다. 다른 동독스포츠협회들 역시 축구협회와 유사한 방법으로 서독스포츠협회에 가입되었다. 또한 과거 군대나 주정부와 관련된 기업들이 민영화되면서 기업들과 연계를 맺고 있었던 많은 스포츠 클럽은 폐쇄되었고(Naul & Hardman, 2002; 박성률, 2008: 166 재인용), 엘리트 체육과 연관이 있었던 체제도 해체되거나 재구성되어 사립학교로 변모하였다. 특히 체육학교는 스포츠 영재를 지원하는 스포츠 클럽들과 연결됨으로써 새로운 방식의 지원을 받게 되었다(Naul, 1992a; 박성률, 2008: 166 재인용).

독일의 체육 행적조직의 구조와 기능은 <표 2-24>와 같고, 체육과 여가 행정조직도는 <그림 2-6>과 같다.

표 2-24 독일 체육 행정조직의 구조와 기능

체육 담당부처	체육 행정부서	기능
내무부 (Innenministerium)	스포츠미디어국 (Sport Medio Burean) 제1과~제6과	제1과: 스포츠와 미디어에 대한 정책수립 및 조정 제2과~제4과: 국제스포츠 교류, 올림픽 유치, 국가대표선수 후원과 훈련 제5과~제6과: 장애인 스포츠와 학교체육 진흥

출처: 이용식(1999) 재구성.

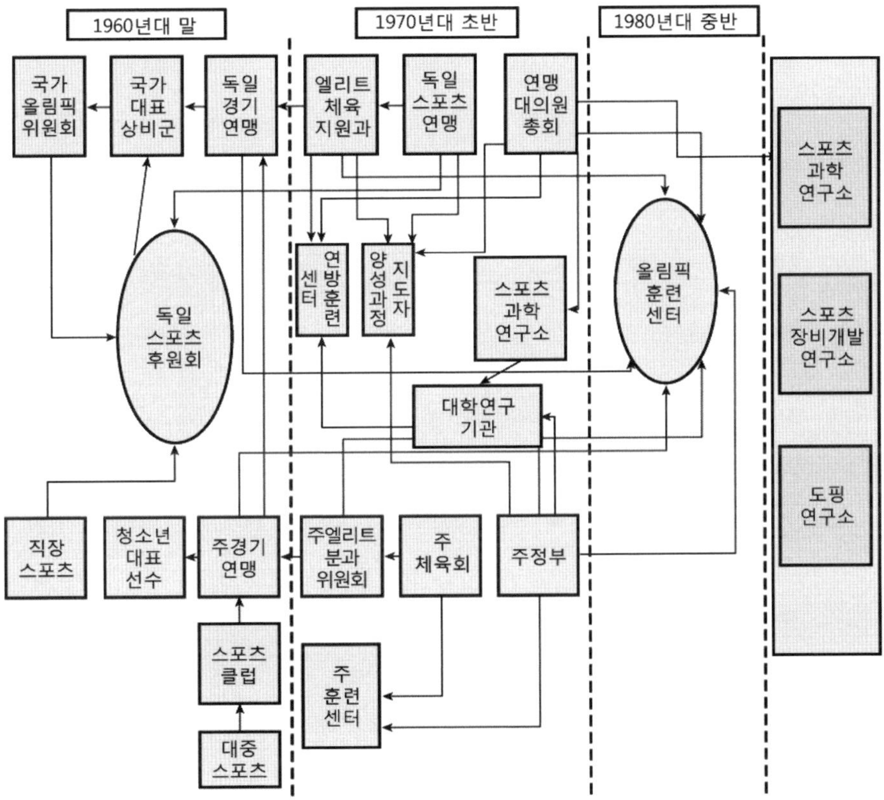

출처: 박성률(2008)

그림 2-6 독일의 체육과 여가 행정조직도

3) 학교체육

1980년대부터 동독 체육교육 관계자와 교사들은 서독의 학교체육 도입에 관심을 가졌고, 독일체육회는 동독 학교체육 개혁의 필요성을 강조하고 동독 내 대학의 스포츠과학 부처를 지원하였다. 하지만 동독의 엘리트 중심의 강도 높은 체육교육에 비해 서독이 계획하는 학교체육의 기준과 규범은 낮은 수준으로 설정되었다(Naul, 1992b).

동독지역에서는 기존 '일반적인 운동능력 교육'에 중점을 둔 동독의 체육교육과정은 배제되었고, 서독식의 새로운 체육교육개념인 '행위능력과 신체적인 체험'을 중심으로 새로운 교육기관이 설치되고 학교체육에 대한 교육과정의 개발이 진행되었다(Helmke, 1995). 이러한 교육과정은 동서독 주정부들 간의 협력관계를 통해 촉진, 개발되었다. 노르트라인베스트팔렌과 브란덴부르크, 헤센과 튀링겐, 그리고 바이에른과 작센 간의 공조체제가 정책적으로 유지되었다(박성률, 2008: 168).

1990년대 독일의 학교체육에서 네 가지의 현상이 문제점으로 제기되었다. 첫 번째 문제는 학교체육 목적의 재구성이다(Stibbe, 1992). 체육교육의 목적은 '신체적인 경험'으로의 접근이라는 기본적인 신체활동과 밀접하게 관련되어 있으나, 전형적인 스포츠를 통해서는 그와 같은 목적이 달성되지 않는다고 주장되었다(Scherler, 1995). 그리하여 교육자들은 '스포츠교육'보다는 '움직임교육'이라는 용어를 더욱 선호하게 되었다(Moegling, 1999).

두 번째 문제는 하드만과 마셜에 의해 보고된 바와 같이 학교에서의 체육에 대한 새로운 인식이다. 1990년대 초반부터 정부의 지방분권화정책은 학교에 힘을 실어 주었고, 그리하여 학교는 체육교과과정에 자치권을 가질 수 있었으며, 그 결과 선택된 과목에 대한 시간배당이 줄어들거나 혹은 증가하는 경향이 나타났다(Hardman & Marshall, 2000). 실제로 일부의 교육전문가들 역시 학교체육의 중요성에 대한 의구심을 갖고 있었다(Lenzen, 2000). 이러한 현상은 1980년대 학교체육에 도입한 행위능력 중심의 교육방법의 실제적인 효율성에서 비롯된 것이었다(Balz & Neumann, 1997).

세 번째 문제는 학교체육의 목표 수정이다. 1990년대에 노르트라인베스트팔렌의 체육교육과정에 관한 교육부의 공식적인 정책은 건강교육에 초점이 맞추어져 있었다(Kupper & Kottmann, 1993). 교육부 장관은 학교에 근거를 둔 모든 수준의 건강프로그램에 서명하였으며, 이것은 모든 보험 회사의 지지를 받았다(Pack & Becker, 1995). 이러한 독일 학교체육의 목표 수정은 심리적·사회적 접근과 더욱 연관성이 있었고, 이로 인해 직업학교의 새로운 체육교육과정은 건강과 관련된 부분에 더욱 초점을 두고 과목명을 '스포츠와 건강촉진'으로 바꾸었다(Naul, 1999).

네 번째 문제는 1990년대의 학교체육이 1980년대에 시작된 '외부 스포츠'에 의해 받은 영향이다. 그 당시 미국으로부터 소개된 에어로빅, 야구, 스케이트, 스키, 산악자전거 등이 어린이들에게 인기 있는 종목이었으며, 청소년들은 비공식적인 모임을 통하여 학교 외부에서 이러한 종류의 신체활동에 참여하였다(Schwier, 1998). 농구와 축구 같은 전통적인 학교스포츠는 아디다스와 퓨마와 같은 스포츠용품회사에 의하여 재구성되었으며, 이 회사는 1992년 이후부터 다양한 형태의 스포츠 활동, 즉 규칙이나 장비와 공간을 변형한 미니게임이나 농구와 축구 등에 후원사로 참여하였다(Balz, Brinckhof, & Wegner, 1994).

1991년의 마스트리히트 조약(Maastricht Treaty)은 유럽통합의 신호탄이었고, 이것은 독일에서 중요한 이슈가 되었다. 체육교육과 모두를 위한 운동(Sport für alle), 청년스포츠, 여성스포츠 등에 관한 여러 문화 간의 차이점에 대한 연구는 급부상하였고, 한층 넓어진 유럽의 환경 속에서 독일의 체육교육과 스포츠는 새로운 구조 및 체제를 반영하였다(Naul, 1992a).

결과적으로 독일의 통일은 동독의 체육교육에 큰 변화를 가져왔다. 동독지역의 새로운 주정부에서 체육교육은 이전의 경쟁적 스포츠 시스템을 사회주의의 유산으로 판단하였고, 과거의 엘리트 스포츠에 부여한 큰 중요성을 완화하여 학교교육의 일부로서 기능만을 가지고 있는 것으로 여겼다. 따라서 동독의 입장에서 보았을 때 통일 후 체육교육의 위상은 통일 전보다 상대적으로 낮아졌으며, 체육교육의 방법 역시 학생들의 신체활동에 대하여 직접적으로 관여하기보다는 자율적인 신체활동을 하는 데 중점을 두었다(박성률, 2008).

제3장

북한의 체육과 여가정책

1. 체육과 여가정책의 특징

북한은 정권수립 초기부터 사회주의 국가의 중심이었던 구소련의 영향을 받아 사회주의 체제로 전환하였다. 그러나 다른 사회주의 체제의 국가들과는 달리 북한은 1945년 사회주의 체제로 전환한 이후부터 지금까지 김일성, 김정일, 김정은으로 이루어지는 1인 독재체제가 세습되고, 이들의 교시가 곧바로 북한 정책에 영향을[1] 주는 독특한 정치 구조를 가지게 되었다. 북한의 체육과 여가정책도 역시 김일성, 김정일, 김정은 등의 지시, 담화, 연설문 내용(성문정, 2001b: 115) 중에서 강조하는 내용을 토대로 목표와 정책을 시행하고 있다.

북한은 지금까지 김일성 일가를 중심으로 1인 독재체제를 유지하고 있지

1 1980년대의 북한의 『로동신문』에서 북한 정권의 체육과 여가정책 관련 기사들을 살펴보면, 김정일의 지적에 대하여 언급을 하는 경우가 많다.
"김정일 동지께서는 다음과 같이 지적하시였다. 체육을 대중화, 생활화하기 위해서는 학교체육사업을 강화하여야 합니다."(『로동신문』, 1987. 5. 18), 김정일 동지께서는 다음과 같이 지적하시였다. "학교들에서는 한두 가지 체육 종목을 특별히 발전시키고 그것을 전통화함으로써 체육사업에서 학교의 특성을 계속 살려나가도록 하여야 합니다."(『로동신문』, 1988. 1. 17)

만, 다른 사회주의 체제의 국가들처럼 구소련의 영향을 받아 기본적으로 집단주의적 사회주의 체제를 표방하고 있으며, 정권 초기부터 구소련의 각종 제도와 정책을 도입하여 지금까지 이어 오고 있다. 체육과 여가정책도 다른 분야와 마찬가지로 구소련의 정책들을 도입하여 시행하였다. 이에 따라 북한 체육의 기본목표는 구소련의 영향을 받아 혁명과 건설, 국방력 강화에 주체가 되도록 육체적, 정신적으로 공산주의 완성에 적합한 인간을 육성하는 것(정동길, 2001: 41)이 되었다. 즉 체육은 그 속에 내재된 집단주의적인 속성과 사회주의 사상이 결합된 신체활동으로써 주민들을 공산주의 인간으로 양성하는 하나의 도구인 것이다.

체육의 이러한 속성을 이용하려는 북한 정권은 주민들의 체육과 여가활동을 조직적으로 관리하였다. 북한과 같은 사회주의 국가들은 여가활동을 체육 중심으로 권장하였다. 이러한 체육 중심의 여가활동은 북한의 『로동신문』에서도 찾아볼 수 있다. 북한 정권 초기에 해당하는 1948년 7월 18일자 『로동신문』의 "쏘련의 체육절" 기사에서는 "쏘련에는 체육 문화와 운동이 전 인민적인 열정을 받았다. 각종 년령과 직업의 사람들이 즐겨서 자기 여가를 체육에 바치고 있다."라고 구소련주민이 체육을 중심으로 여가활동을 하고 있음을 소개하였다. 이러한 기사 내용은 북한이 정권 초기부터 구소련의 사회제도들을 그대로 도입하고 있었던 점을 감안해 본다면, 이 시기에 북한의 주민들 사이에서도 체육 중심의 여가활동이 장려되고 있었음을 추측할 수 있다. 또한 1955년 5월 17일 "직장내 체육시설"이라는 『로동신문』 기사에서는 "직장 내부와 주변에서 근로자들이 자기 휴식시간을 즐겁게 지낼 수 있도록 각종 체육, 스포츠 시설들을 정비할 것이며 각 직장, 공장, 기업소에서는 휴식일과 휴식시간을 옳게 이용하여 직장 실기를 제공한다."라는 내용을 언급하고 있다. 북한 정권은 한국전쟁 이후에도 여전히 주민들의 여가활동으로 체육활동을 장려하고 있었음을 알 수 있다. 이는 북한 정권이 체육활동을 중시하고 있으며, 주민의 여가활동을 체육 중심으로 장려하고 있기 때문에 여가정책 역시 체육정책에 많은 영향을 받고 있음을 알 수 있다.

북한주민의 여가활동은 체육 중심이면서도 집단주의적 성향을 띠고 있는 것이 또 하나의 특징이다. 북한의 최고 권력자였던 김정일은 북한이 추구하는 사회주의는 "집단주의에 기초한 사회주의이며 인민대중의 통일을 생명으로 하는 사회임으로 사회주의와 다원주의는 양립될 수 없다."(김정일, 1992)라고 강조하였다. 이는 북한사회가 집단주의적 사회주의를 추구하고 있으며, 개인보다는 집단, 더 나아가 국가를 위해 헌신하는 정형화된 사회주의적 인간형을 추구한다고 해석할 수 있다. 이로 인해 북한주민은 태어날 때부터 죽을 때까지 최소한으로 제한된 개인생활을 하고 있으며, 생활의 많은 부분이 집단 내에서 이루어지고 있다. 이러한 북한의 집단주의적 생활 형태는 북한주민의 체육과 여가활동에서도 나타났다. 북한주민의 대표적인 여가활동은 예술, 산행, 천렵, 군중무용, 유희, 체육대회 등이 있으며, 이들 활동 역시 집단적으로 향유되는 것으로 나타나고 있다.

북한주민의 체육과 여가는 한 집단, 조직에서 당의 방침에 의해 개인보다는 집단과의 관계 속에서 전개되었다. 이러한 집단적인 여가활동 성향은 북한이탈주민의 여가활동에 대한 생각에서 잘 나타나고 있다.

> 과외활동은 다채로운 문화활동이라고 해서 소조에 망라된 것이에요. 그런데 사실 북한에서 일반 노동자들이 개인적인 과외활동[2]을 하는 게 크게 없어요(북한이탈주민 5 면담, 2012. 11. 17).

> 보통 체육활동, 정치행사 같은 것들이 과외활동이죠(북한이탈주민 1 면담, 2012. 9. 26).

즉 북한이탈주민이 인지하는 여가활동은 그들의 과외활동이며, 이러한 과외활동 역시 당에 의해 집단적으로 이루어지고 있는 것이다.

---

2 이 책에서 사용되는 '과외활동'은 의미상 우리나라의 여가활동에 해당한다.

그러나 북한에서도 개인의 관심에 따라 참여가 가능한 소조활동[3]이 존재한다. 이 소조활동은 운동, 미술, 음악 등 예체능활동을 중심으로 학교라는 사회적 공간에서 주로 이루어지고 있기 때문에 청소년기를 지나면 개인적으로 소조활동에 참여하는 경우가 많지 않다.

> 금덕 광산 노동자 회관이 있는데, 다채로운 문화활동이라고 해서 소조활동을 하지만, 사실은 북한의 광산 노동자들도 그렇고 일반 노동자들이 개인적인 여가활동을 하는 게 없어요(북한이탈주민 5 면담, 2012. 11. 17).

당의 정책에 따라 주민들의 집단적 여가활동 참여를 장려하는 것은 1946년 10월 6일 김일성이 한 "체육을 대중화하기 위하여"라는 연설[4]과 1977년 9월 5일 발표한 '사회주의 교육에 관한 테제'[5]에 잘 드러나 있다. 북한 정권은 일반 주민들을 공적 생활뿐만 아니라 사생활까지도 조직적으로 관리, 감독하기 위해 주민들이 집단적인 여가활동에 참여하도록 일찍부터 노력해 왔다.

> 김일성이 사망하기 전에 북한이 경제적으로 안정되어 있을 때에는 집단적인 행동이 많았어요(북한이탈주민 1 면담, 2012. 9. 26).

> 직장생활만 하니까 … 과외시간이 그렇게 … 따로 크게 안 했어. 공장에서 토요일이면 체육대회를 한다. … 뭐 그런 거 조직하는 거 외는 개별적으로 운동을 크게 안 했어 … (북한이탈주민 2 면담, 2012. 10. 9).

---

3 '소조(小組)'는 같은 목적으로 조직되는 작은 집단이나 조직으로, '소조활동'은 우리의 과외 동아리 활동과 비슷한 개념이다.

4 본문 60쪽 김일성의 "체육을 대중화하기 위하여(1946. 10. 9)" 연설 참조

5 사회주의 교육테제는 제1장 사회주의 교육의 원리, 제2장 사회주의 교육의 내용, 제3장 사회주의 교육의 방법, 제4장 사회주의 교육제도, 제5장 교육기관의 임무와 역할, 교육사업에 대한 지도와 방조 등 5개 장으로 구성되어 있다(이학래 · 김동선, 2004: 108).

북한이탈주민의 증언에 의하면, 북한주민은 여가활동으로 각종 소조활동보다는 직장과 거주지에서 주기별로 조직되는 크고 작은 체육대회에 참여하는 것으로 보인다. 예를 들면, 주민들은 직장, 지역에 소속되어 있는 단체에서 참여하는 각종 체육대회에 반강제적으로 참여해야 하며, 이러한 체육대회는 주로 여가시간에 이루어지고 있다. 체육대회 준비 또는 참여하는 과정에서 개인보다는 그들이 속해 있는 집단을 중심으로 진행되며, 이 과정에서 주민들의 집단화·사회화가 이루어지는 것이다. 이러한 체육활동은 주민들의 집단주의적 소속감과 사회주의 사상을 자연스럽게 교육하기에 적합한 수단이었다. 체육과 여가활동에 내재된 정치적, 교육적, 사상적 기능 때문에 북한 정권은 정권 초기부터 각종 체육대회를 일반인, 학생들을 대상으로 거주지 단위, 학교 단위, 직업 단위로 체계적으로 조직하였다. 이를 통해 북한 정권은 조직적으로 주민들의 여가활동을 관리, 통제하고 있다. 따라서 북한의 체육과 여가정책 역시 집단주의적 사회주의 체제를 기반으로 시행되고 있으며, 당의 정책노선에 영향을 받는 구조라 할 수 있다.

1) 한국전쟁 이전

1945년 10월 28일 구소련은 북한지역에 5도 행정국을 설치하면서 이 지역에 스탈린식 사회주의 체제를 도입시켰다. 사회주의 기반이 없었던 북한지역의 정치, 경제, 행정, 법, 교육 등 각 분야에서 사회주의 국가의 주축이었던 구소련의 제도와 조직이 도입되었다. 이러한 현상은 체육과 여가분야에서도 마찬가지였다. 그러나 당시 북한 정권은 체육 대중화의 필요성을 인식한 것과는 달리 조직적인 행정체제를 갖추지 못했기 때문에 교육국(성)[6]에서 체육업무까지 포함하여 담당하고 있었다.

---

6 북한의 교육국(성)은 1948년 9월 9일 북한 정권이 수립되기 전까지 모든 체육업무를 공식적으로 수행하였다.

북한 정권은 체육과 여가정책을 시행하고 그 기반을 조성하기 위해 1946년 5월부터 북조선체육동맹을 결성하고, 북조선직업동맹, 북조선농민동맹, 북조선민주청년동맹 등 사회단체별 체육단을 조직함으로써 대부분의 북한주민이 체육과 스포츠단체에 소속되어 참여하도록 하였다. 이는 당이 주민들의 체육과 여가활동을 직접적으로 관리하고 통제가 가능하도록 하기 위한 전초작업이었다. 북한 역시 다른 사회주의 국가들처럼 주민들을 지역, 직업, 학교 등 사회(근로)단체에 참여시켜 집단적으로 체육과 여가활동을 생활화, 대중화하고자 한 것이다. 김일성이 1946년 10월 6일 체육인 대회에서 한 "체육을 대중화하기 위하여"라는 연설에서도 이러한 부분이 잘 나타나고 있다.

> 체육은 몇몇 개인 선수들을 내세우기 위한 체육에 그쳐서는 안 될 것이며 또한 얼마 안 되는 사람들의 놀음거리로 되어서도 안 될 것입니다. 앞으로 우리의 체육은 조선의 자주독립과 민주주의적 발전을 위한 건국사업의 중요한 고리로서 발전되여야 할 것입니다. 다시 말하여 민주 조선을 건설한 씩씩한 건국투사들을 키우기 위하여 인민들을 육체적으로, 정신적으로 단련시키는 전 인민적인 체육으로 발전시켜야 합니다. 여기에서 체육을 대중화하는 것이 특별히 중요한 의의를 가집니다. 왜냐하면 체육을 대중화하고 생활화하여 광범한 대중 속에 널리 보급하여야만 우리 민족의 전반적인 건강 증진을 보장할 수 있으며 전체 인민들로 하여금 튼튼한 체질과 건전한 사상을 가지게 할 수 있기 때문입니다. 우리는 모든 청년, 학생들과 근로자들이 늘 체육사업에 적극 참가하게 하며, 대중 속에서 체육을 생활화하기 위하여 노력하여야 하겠습니다(김일성, 1979).

이 대중연설은 건국 초에 북한 지도층의 체육과 여가정책 방향에 대한 첫 공식적 언급이며(홍성보, 2011: 39; 성문정, 2001b: 111; 정동길, 2001: 40; 이종목, 1999: 333 등), 이를 통해 북한 정권에서 추구하는 체육의 대중화 정책 기본 방향과 북한에서의 체육에 대한 인식[7]을 추측해 볼 수 있다. 또한 북한주민의 여가활동 중에 체육이 일정 부분 차지함을 알 수 있다.

1948년 5월 30일 『로동신문』에 의하면, "부강조국건설에 전 역량을 기울여 투쟁하는 인민들은 자기들의 체력을 튼튼히 배양하며 단련하기 위하여 인민체력에 강력히 참가하고 있다. 로동자들은 직장 써클을, 농민들은 농촌체육회를 조직하여 체육을 단련한다."라는 언급과 함께 "일부에 남아 있는 선수중심주의적 관념을 타파하고 군중적 체육운동을 광범하고 활발하게 전개해야 한다."라고 주장하였다. 이는 앞서 김일성의 "체육을 대중화하기 위하여"란 연설과 그 맥을 같이하며, 북한이 체육의 대중화 정책을 중요시하고 있었음을 보여 주고 있다. 따라서 북한은 정권 차원에서 주민들에게 체육 중심의 여가활동을 장려하였음을 알 수 있다. 그러나 이러한 북한 정권의 희망과는 달리 정권 초기부터 체육과 여가정책의 사회적 기틀은 확립되지 못한 상태였다. 북한 정권은 구소련의 체육과 여가정책이나 제도들을 그대로 도입하였기 때문에 북한주민의 실제 생활에 맞는 체육과 여가정책을 실행하기에는 어려움이 따랐다.

북한 정권이 구소련의 체육과 여가정책을 그대로 도입하여 실시한 구체적인 예로는 교육성에서 1948년 7월 8일 실시한 인민체력검정제도를 들 수 있다.

북한의 인민체력검정제도는 구소련이 1931년 3월에 주민들에게 도입한 'GTO'[8]를 모방한 것으로 인민체력검정의 목적과 그 실행 방식이 GTO와 유사하다. 북한 역시 구소련이 GTO를 통해 실현했던 것과 마찬가지로 주민들의 인민체력검정제도를 실현하여 주민들의 체력 향상을 도모하고 이를 통해 노동력과 군사력을 강화시키고자 하였다. 인민체육검정제도는 북한주민이 일상생활에서도 꾸준히 기초체력 단련에 관심을 가지게 하기 위한 것이었다.

---

7 1971년에 발행된 『정치용어사전』에서는 '체육'을 "신체를 다방면적으로 발전시키며 집단주의 정신과 혁명적 동지애, 굳센 의지, 규율 준수에 대한 자각성과 책임성 등 고상한 사상과 도덕적 품성을 개발함으로써 국방력을 강화하고 사회주의 공산주의 건설을 성과적으로 수행하는 데 이바지하기 위한 것"이라고 정의하고 있다.

8 1931년 3월 소련정부는 국민 체육적성의 수준향상과 소련 체육 통제와 관리를 위하여 공산주의 체육의 한 수단으로 체육과 스포츠를 이용하고자 'GTO'(나는 노동력과 방위준비를 한다) 제도를 고안, 실시했다(김재련, 1989: 334)(1. 구소련의 체육과 여가정책 참조).

즉 북한주민의 여가시간마저도 체력단련에 투자하여 궁극적으로 부족한 사회노동력과 군사력을 보강하고자 한 것이다. 즉 북한의 여가정책은 주민들의 자기개발 측면이 아닌 지도층 혹은 사회주의 체제를 유지하기 위해 개인들의 시간과 신체를 활용하는 데 중점을 둔 것이라고 할 수 있다.

인민체력검정의 목적과 관련하여 1954년 7월 23일 『로동신문』에서는 "소년들의 체력을 체계적으로 향상시키며 그들의 체력상태를 정확히 파악하며 그들이 자기 체력에 대하여 일상적으로 관심을 가지도록 특별한 조치들을 취할 것이다. 특히 이를 위하여 청년 학생들과 근로자들이 일상적으로 체력 향상에 인입되도록 대책을 세우는 한편 인민체력검정사업을 강화하여 이에 광범한 군중이 참가하도록 할 것이다."라고 언급하였다. 다음 <표 3-1>은 1949년 개정 당시 북한의 인민체력검정 사업의 개요이다.

그러나 이러한 북한의 인민체력검정제도는 북한의 실정과 무관하게 구소련

표 3-1 1949년 개정 당시 인민체력검정 사업 개요

<table>
<tr><td colspan="2">구분</td><td>소년(남자 17세 이하, 여자 16세 이하), 청년(남자 18~30세, 여자 17~25세)
장년(남자 31세 이상, 여자 26세 이상)</td></tr>
<tr><td colspan="2">등급</td><td>1, 2, 3 등급 폐지, 단일 기준 적용</td></tr>
<tr><td rowspan="2">기준</td><td>기본종목</td><td>남녀공통 100m 달리기, 너비뛰기,[9] 단봉 던지기, 남자 1000m 달리기(여자 500m 달리기)
남자 30kg 또는 20kg(17세 이하) 중량물 어깨 위에 세 번 들어 올린 후 50m 시간제한 없이 운반하는 들힘과 운반힘, 현수, 여자 엎드려 팔 굽혀 펴기</td></tr>
<tr><td>특수종목</td><td>헤엄, 강행군 등</td></tr>
<tr><td colspan="2">기간</td><td>1949년도부터 매년 5월 1일부터 10월 말까지 실시</td></tr>
<tr><td colspan="2">기관</td><td>체육기관과 근로단체 일군들이 포함된 인민체력검정위원회 조직 진행</td></tr>
<tr><td colspan="2">단위</td><td>대상자 100명 이상 공장/기업소/기관/학교에 인민체력검정구 설정</td></tr>
<tr><td colspan="2">합격자</td><td>체력장, 특수체력장 수여</td></tr>
<tr><td colspan="2">참가자</td><td>매 개인의 자원적 원칙에 의함</td></tr>
<tr><td colspan="2">지도일군</td><td>1948~1949년 전국적인 단기강습회 진행, 1만여 명 체육관계자 참가</td></tr>
</table>

출처: 조선중앙통신사(1950: 370), 조남훈(1992: 87~89), 홍성보(2011: 63)

의 'GTO' 제도를 참조하여 그대로 도입했기 때문에 초창기에 여러 가지 문제점들이 발생하였다. 대표적으로 구소련의 GTO 제도에서 제시된 기준표는 구소련주민의 신체조건을 참조하여 그 기준표를 제시한 것이어서 신체조건이 다른 북한주민에게 그대로 적용하는 것은 무리가 있었다. 그 때문에 북한 정권은 한국전쟁 이후에 인민체력검정을 재실시할 때는 북한주민의 신체조건을 고려하여 기준표를 수정, 보완하였다.

또 북한 정권은 1948년 8월 2일 내각결정 제108호를 공포하면서 매년 10월 둘째 일요일을 '체육절'[10]로 제정하였다. 체육절의 의미는 "체육을 통해 노(동)력과 조국보위에 준비된 인민들의 건전한 체위와 무한한 애국심과 고도로 발전하는 체육 문화를 국내외에 시위"하고, "국가적 차원에서 인민들과 청년들에게 더욱 광범위하게 체육교양을 받도록 하기 위한 것"(조선중앙통신사, 1950)이었다. 체육절 제정 이후 전국종합체육대회를 매년 10월에 개최하여 전국적으로 많은 체육인이 참여하였다.

한국전쟁 직후의 북한 정권은 구소련의 여러 체육제도를 도입하였다. 많은 사회주의 국가가 주민들의 체력 향상을 통해 국방력과 노동력을 강화하고자 하였던 것과 마찬가지로 북한 역시 주민들의 체력에 관심을 두었다. 그러나 북한은 1940년대 후반까지 국가적인 체계가 미완성 상태였기 때문에 상대적으로 발전한 구소련의 정치, 경제, 교육, 체육 등 사회기반을 구성하는 조직과 정책들을 도입하여 실시하는 과정에서 시행착오가 많았다. 이러한 현상은 북한뿐만 아니라 1940년대 구소련의 영향으로 신생된 사회주의 체제의 국가들에게서 나타나는 현상 중의 하나였다.

---

9 너비뛰기는 우리나라의 멀리뛰기에 해당한다.

10 북한에서 구소련의 체육절에 참여(『로동신문』, 1954. 7. 18)한 것으로 보아, 북한의 체육절 역시 구소련의 체육제도를 받아들인 한 사례로 보인다.

2) 고난의 행군 이전

한국전쟁 이후 북한 정권은 전쟁으로 폐허가 된 건물, 도로, 토지 등 사회전반에 걸쳐 전후 복구 작업에 치중하였다. 가시적인 부분뿐만 아니라 정치, 경제, 교육, 법 등 내부적인 사회제도들도 재정비할 수밖에 없었다. 전쟁으로 인해 많은 사상자를 낸 북한 역시 전후복구와 경제발전을 위해 필요한 인력을 충당하기 어려웠다. 결국 기존에 있는 주민들의 신체를 강화하여 사회 곳곳에서 필요한 노동력을 충족할 수밖에 없었다. 이에 북한 정권은 체육과 여가정책을 통해 북한주민의 체력을 강화하고자 하였다. 일반적으로 여가활동은 신체활동과 비신체활동으로 나눠지는데, 북한 정권에서 추구하는 많은 여가정책은 신체활동 중심인 체육활동에 치중하는 경향이 있었다.

이에 따라 북한 정권은 1953년 휴전 이후에 빠르게 체육 조직을 재정비하였다. 1954년 6월 23일 내각 직속기구인 조선체육지도위원회를 설치하여 체육행사, 국제경기, 인민체력 검정 등 엘리트 체육에서부터 주민들의 체육과 여가활동까지 관여하고 기획 및 운영하였다. 당 중앙에서 엘리트 선수부터 주민의 체육과 여가까지도 체계적으로 관리, 감독하는 조직구조였다. 이뿐만 아니라 구소련이 중앙에서 체육과 관련된 모든 경제비용, 활동을 관리했던 것처럼 조선체육지도위원회에서도 경기용 기자재의 보급, 국가 수준의 우수선수양성, 각종 체육행사에 필요한 예산 책정과 산하단체 예산 편성 및 재정감독의 기능까지 수행하였다. <표 3-2>는 북한의 1954년부터 1955년까지의 체육사업계획 개요이다.

그러나 북한 정권의 이러한 조직적인 노력에도 일상생활에서 주민들의 체육과 여가활동을 위해 필요한 체육 기자재 지원은 미비하였다. 1958년 12월 18일자 『로동신문』에 의하면 "함흥 제6중학교에서는 교원들이 직접 연구를 거듭하여 우선 학생들의 손으로 능히 만들 수 있는 간단한 방법들을 연구해냈다."라고 언급하였다. 이는 북한 정권에서 학생, 주민들에게 체육 중심의 여가활동을 장려하고 있지만, 실생활에서 주민들은 체육활동을 위한 장비들이

표 3-2 1954~1955년 1개년 체육사업계획 개요

단계	기간	개요
1단계	1954. 9~1955. 2	· 인민체력 향상 · 각 도/시/군 종목별협회/체육단체 조직 · 인민체력검정 실시 · 체육시설/경기장/기자재 재정비 및 확충
2단계	1955. 3~1955. 5	· 체육전문가 체육단체에 파견, 우수선수 선발 · 집단체조 훈련 조직
3단계	1955. 6~1955. 8	· 선수들의 훈련 조직 진행 · 체육경기기술/경기지도사업 향상 · '8.15해방 10돐 기념 전국체전축전' 준비

출처: 조선백과사전편찬위원회(2007: 161)

부족하여 직접 만들거나, 아예 체육활동을 하지 않는 경우가 많았던 것으로 보인다.

북한 정권은 이와 더불어 주민들의 체육 대중화와 여가의 기반을 조성하기 위해 인민체력검정제도를 실시하고 각 도, 시, 군 단위로 각종 체육 단체와 협회를 조직하였다. 또한 각 기업소나 학교에서 체육과 관련된 단체나 과외체육 소조를 조직하여 주민들과 학생들에게 여가시간에 체육활동에 참여하도록 장려하였다. 이와 관련된 『로동신문』(1954년 12월 17일자) 기사를 살펴보면 "각 생산 직장 및 농촌, 학교들에서는 체육단들을 중심으로 근로자들의 신체 단련과 전반적 체력 향상을 위하여 아침체조, 업간체조들을 계속 정상적으로 실시하고 있으며, 체육일(매월 둘째 일요일)에는 각종 운동 경기들과 체육절에 의의가 있는 휴식들을 다채롭게 조직 진행하고 있다."라고 보도하고 있다.

1955년에는 구소련의 선수등급제와 비슷하게 전문 체육인[11]들을 우대하기 위한 정책적 차원에서 '스포츠 선수 등급 규정'을 제정하여 엘리트 체육 육성과

11 전문 체육인들 가운데에 공훈체육인은 1년에 2회 이상 국내에서 신기록을 세웠거나 각종 국제대회에서 우수한 성적을 올린 선수에게 수여되며, 인민체육인은 공훈체육인 칭호를 받은 후 올림픽 등 권위 있는 세계대회에서 국위를 선양한 체육인에게 주어진다(이학래 · 김동선, 2004: 70).

표 3-3 1955년 스포츠 선수 등급제

체육선수 칭호	개별 체육 종목 명수급 기준 또는 등급조건 달성 및 국제경기 우수 성과 선수로서 인민체력검정 제1급 우수 성적 합계 체육인
제1급, 제2급	인민체력검정 제1급 합격 체육인
제3급	인민체력검정 제3급 합격 체육인
청소년 제1급	인민체력검정 소년급 제1급 합격 체육인
청소년 제2급	인민체력검정 소년급 제2급 합격 체육인

출처: 조선중앙통신사(1956: 141)

더불어 일반인들의 체육기술 향상을 도모하였다. 직장, 학교, 농촌에서 체육단을 조직(조선중앙통신사, 1956: 141)함으로써 종목별 우수선수들을 일상생활에서부터 양성하기 위한 발판이었던 것이다. <표 3-3>은 1955년 제정된 북한 스포츠 선수 등급제이다.

운동선수들의 등급제 실시와 체육단 조직 결성은 일반인들에게 체육에 대한 관심을 증가시켰다. 이와 더불어 체육의 전문성을 확보하고 체육인들에 대한 교양과 스포츠 보급 및 기술 향상을 위하여 1955년 11월 1일부터 평안북도를 비롯한 수 개의 도에서 스포츠 훈련부가 설치되었다. 이어 1958년 3월 19일 내각결정(제30호)으로 '체육 및 스포츠보급과 체육 간부 양성사업을 개선할 데 대하여'를 채택하였고, 1959년 2월 29일 내각결정(제15호)으로 '스포츠 사업을 발전시키며 스포츠 기술 수준을 제고할 데 대하여'를 잇달아 채택(조선중앙통신사, 1961: 230)하였다. <표 3-4>는 1958년 내각결정 제30호의 개요로, 과거에 비해 보다 구체적인 체육활성화를 위해 계층별, 종목별, 기능별로 구분하여 실행할 체육정책들이 나타난다.

스포츠과학과 스포츠 선전사업을 강화하기 위해 1959년 체육과학연구소를 설치하였고, 스포츠 의료사업체계를 확립하기 위해 1959년 중앙체육진료소를 설치하였다. 북한 정권은 스포츠 선수 등급제를 통해 선수들의 실력을 도모하는 것에 그치지 않고 선수들의 사기를 진작시키기 위해 공훈체육인 칭호(1960. 11. 11)와 인민체육인 칭호(1966. 10. 8)를 각각 제정하여 이들을

표 3-4 1958년 내각결정 제30호 개요

대중체육 = 근로자 체력 향상	- 각 상(국장)/기타 중앙기관책임자/각 도 인민위원장: · 자체 기관, 산하기관, 기업소 및 농촌에 체육과 스포츠 장려 · 인민체력검정에 적극 참가 합격 지도사업 강화 · 총인원 1,000명 이상 공장 기업소 직장연맹에 전임체육지도원 1명 배치
종목체육 = 스포츠 기술제고	- 내각직속 체육지도위 위원장: · 각 체육협회, 체육단체 사업에 체계적으로 지도 검열 · 교수훈련에 선진 경험 도입, 청소년 학생 군중에 각종 스포츠 지도 강화 · 스포츠선수 등급 소유자 대열 확장 대책 강구
체육간부 = 평양체육대학 준비	- 건설건재공업상/평양시인민위원장: · 기숙사/식당 58년 8월 15일 이전 준공 · 평양시인민위원장: 대지 명시와 설계 기술 문건 58년 4월 말 이전 작성 평양체대 교원 주택 60세대를 58년 7월 말까지 보장 · 전기상: 평양고등전기전문학교 신축공사 일부를 평양체대에 줄 것 · 교육문화상: 1958년 9월 1일부터 개교 · 평양사범대학 체육학부와 신의주 교원대학 체육학과 통합 · 국가계획위원회 위원장: 체육관 기본간설 계획을 교육문화성에 추가
선전사업 강화	- 내각직속 체육위 위원장/출판국장: 체육과 스포츠, 체육도서 출판 · 교육문화상: 선전 시보 및 기록영화 제작(59년 내로 스포츠예술영화 1편)
체육시설 기재 = 확충/생산	- 각 도 인민위 위원장: 59년 내로 도시군 소재지 경기장, 운동장 정비 확장 정규수영장 없는 도 소재지 정규수영장 건설 - 경공업상/생산협동조합 중앙연맹위 위원장: · 체육기자재 생산에 표준규격 준수 · 질, 제고, 수입 의존 기자재 국내 생산보장
시 체육지도위원회 기능 강화	- 내각 간부국장: · 각 시 체육지도위원회에 전임 서기장 58년 4월 말까지 배치

출처: 조선중앙통신사(1959: 228), 『로동신문』(1958. 3. 26)

사회적으로 우대(극동문제연구소, 1974: 295)하기도 하였다. 이는 엘리트 선수들의 양성을 체계적으로 하여, 각종 국제대회에서 우수한 성적을 내기 위한 노력이었다. 북한 역시 엘리트 선수들의 성적을 체제의 우수성을 과시하는 선전수단으로 활용하였다.

같은 해인 1959년부터 북한은 그동안 사회주의 체제 확립에만 치우쳐 등한시했던 민속 문화에 관심을 가지기 시작하였다. 북한 정권은 민속 문화 계승 발전이라는 명분하에 민족체육경기대회를 해마다 개최하였다. 과거 북한 정권은 민족체육을 "한때 체육 분야에 끼어든 반당 종파분자들의 후광 때문에 소홀히" 하였지만, 1950년대 후반 김일성의 교시에 의해 민족체육을 활성화시키기 시작하였다. 김일성의 교시에 의하면, "인민들이 여러 가지 민족체육 소조에서 민족체육의 형식과 내용, 경기방법들을 현실의 요구에 맞게 다양하게 발전시켰다."라고 하였다. 이에 따라 북한 정권은 민족체육에 대하여 "그곳에 담겨진 민족적 특성으로 인해 인민의 민족적 긍지와 자부심을 북돋아 주면서 사람들의 체력을 튼튼히 키울 수 있는 좋은 운동"이며, "체육 분야에서 교조주의와 사대주의를 극복하고 주체를 확립하며 인민들의 민족적 긍지와 자부심을 높여 주는 동시에 근로자와 청소년 학생들의 체력향상에 기여할 수 있다."라고 하였다(조남훈, 1992: 168~188).

1960년대에 북한은 급변하는 국제관계 속에서도 김일성 우상화를 위한 당의 유일사상체계와 더불어 사회주의 건설혁명에 주력하였다. 우선 경제부문에서는 중공업 우선주의, 경제 · 국방 병진정책, 농업 협동화를 추구하였으며, 군사적으로는 4대 군사노선을 채택하였다. 체육 분야에서도 주체성 확립과 사회주의 건설을 위한 정책으로 전환하였다. 사상적인 부분에서는 스포츠의 교수 및 훈련 사업에서 '교조주의와 형식주의를 퇴치하여 체육 분야에 남아 있는 신비주의와 보수주의를 청산'하고 주체사상과 사회주의 사상을 확립하기 위해 강철, 풍년, 천리마, 번개팀과 기관차 협의회와 종목별 분과 위원을 조직하였다. 체육과 스포츠에 대한 선전 사업을 강화하기 위하여 내각 교육문화성에서 '체육선전시보'와 기록 영화와 각종 스포츠예술 영화를 의무적으로 제작하게 하였으며, 체육 전문잡지인 '체육과 스포츠'도 발간하였다(이학래 · 김동선, 2004: 70).

1965년 내각 결정 제7호로 결성된 국방체육구락부(평양)와 해양체육구락부(해안 도시)를 확대하여 각 시, 군 단위의 체육구락부를 국방체육구락부로 개편(이학래 · 김동선, 2004: 70)하여 주민들에게 확대, 실시하였다. 다음 <표 3-5>는 내각결정 제7호의 개괄적인 내용이다.

이어 1967년 5월 30일에 북한은 그동안 중시하였던 국방체육을 보다 강화하여 북한주민에게 실시하였다. 인민체력검정제도만으로 국방력을 강화

표 3-5 내각결정 제7호

체육지도 강화	· 학교체육=고등/보통교육성, 로동자사무원 체육=직총 중앙위, 농업근로자 체육=농맹 중앙위, 청소년학생체육=사로청 중앙위 각각 담당 · 조선체육지도위원회=군중체육 종합지도, 기술지도 집중 · 체육협회 해산, 시(구역) 군체육지도위/공장기업소 체육지도원 역할 강화
학교체육 강화	· 인민체력검정 소년급(중학교)/2급(기술학교)/1급 (고등기술/대학) 전원 합격 · 기술대학/대학입학시험과목에 체육과목 포함, 매일 과외체육활동 1시간, 일요일/ 명절 체육행사 진행 · 고등전문학교급 체육학교 동/서해안 신설, 교육과학연구원 역할 강화
근로자체육 강화	· 생산체육경기 조직 · 인민체력검정 주간을 월간으로 개편, 종목/기준 개정, 근로자 전원 합격 · 휴일에 다양한 군중체육행사, 천리마작업반운동 평가기준에 체육 포함 · 간부들이 모범적으로 참가, 매년 근로자/학생 신체검사 실시, 치료체육 도입
국방체육 보급	· 국방실용 체육 보급, 국방실용 종목별 소조/국방체육구락부 조직
체육기술 향상	· 근로자/ 학생에 다양한 종목 보급 · 평남 체육간부 양성소를 조선체육지도위 체육간부 양성소로 개편, 도 체육간부 양성소(평남 제외)/청소년학교 폐지, 시/군 청소년체육구락부 조직
체육시설/기자재	· 각 도에 전문 운동공장(직장) 설립

출처: 『로동신문』(1965. 2. 26)

하는 데 부족함을 느낀 북한 정권은 사격, 산악 행군, 장애물 넘기, 수류탄 던지기 등 실질적인 군사훈련 성격의 체육 경기 종목을 신설하였다. 이로써 북한주민은 여가의 상당 부분을 신체단련이라는 명분 아래 체육 및 군사 훈련까지도 강제적으로 해야만 하였다.

1960~1970년대는 국제적으로 냉전시대의 이념적 대립이 심화된 시기로, 남북한 체육에서도 그 대립양상이 나타났다. 각종 국제대회에서 남북한의 엘리트 선수들은 치열한 순위 경쟁을 하였고, 북한 정권은 각종 국제대회에서 엘리트 선수들의 우수한 성적을 통해 사회주의 체제의 우월함을 증명하고자 많은 노력을 하였다.

3) 고난의 행군 이후

1989년 11월 9일 베를린장벽 붕괴로 대변되는 동유럽 사회주의 국가들의 체제전환이 도미노처럼 시작되었다. 북한 내부에서는 1980년 후반부터 식량난의 조짐이 나타나기 시작하여 1994년 7월 8일 김일성 사망으로 인해 체제의 불안정성이 증가하였다. 이와 더불어 1990년대에 들면서 동유럽 사회주의 국가들의 몰락과 더불어 식량 및 연료 · 비료의 최대 공급국이었던 구소련의 붕괴와 중국의 대북한 정책 변화로 인해 에너지와 원자재 공급에 차질이 생겼으며, 잇달아 발생한 냉해(1993, 1998), 대홍수(1995, 1996), 고온 및 해일과 가뭄(1997), 강우 부족(1999) 등의 자연재해(임순희, 2000: 58)로 북한주민은 심각한 경제난을 겪어야만 했다.

1990년대 초 동유럽 사회주의 국가들의 몰락과 내재된 경제체제의 결함으로 북한의 계획경제는 점차 붕괴되었다. 북한체제에서 계획경제의 붕괴는 중앙에서 지방으로 공급해 주던 원료뿐만 아니라 식량, 소비품 등 배급제 기능이 마비되었음을 의미하였다(양문수, 2010). 이른바 고난의 행군이 시작된 것이다.

1994년부터 시작된 고난의 행군시기는 북한 정권사상 최악의 식량난으로 약 33만 명의 국민들이 아사하였다. 이 시기에 북한주민은 식량난 이외에 에너지난, 원자재난 등으로 인해 경제 기반이 취약해져 일상생활에서 많은 어려움을 겪었다.

고난의 행군 기간인 1996년 북한주민의 배급 실태를 조사한 최명숙(1999)에 의하면, 평양주민의 하루 식량 배급량이 300g(피부양자는 100g)이었으나 함경북도 청진, 무산 등의 지방에서는 1995년 이후 3개월분 배급이 공급되지 못하였으며, 1998년도에는 김일성 · 김정일 생일을 포함해 연 4회, 그것도 2일분만 공급되었다고 한다. 이러한 상황은 북한이탈주민과의 면담에서 다음과 같이 분명히 나타난다.

일반 사람들은 지금 김장철이잖아요. 고추도 공급을 못 받고 하니깐, 그냥 소금 조금 김치 그 정도? 그리고 아파트에서 사는 사람들은 진짜 먹는 채소가 없어서, 어떻게 친구네 집에 가면은 그냥 뭐 소금국 같은 것을 해서 먹기도 하고(북한이탈주민 4 면담, 2012. 10. 19).

광산은 노동자 보호 물자라고 술도 공급해 주고 우유도 공급해 주고 그런 공급 체계가 돼 있었어요. 그런데 고난의 행군이 시작되고 이제 아예 없어지거나 굉장히 약화되거나 … 광산 노동자들도 공급해 줄 때는 괜찮은데, 안 해 줄 때는 진짜 손가락 빤다 그러지요(북한이탈주민 5 면담, 2012. 11. 17).

식량부족으로 당의 경제적 통제 기능이 제한되어, 북한주민은 과거 중앙당이 식량과 생필품 배급을 주던 때와 달리 생활을 유지할 수가 없었다. 결국 북한주민은 국가에서 주는 배급에 의존하기보다는 비공식적인 시장 '장마당'에 의존할 수밖에 없었다. 북한주민이 스스로 형성한 비공식적 시장인 장마당은 북한주민의 새로운 경제체제였고, 이 장마당의 활성화로 인해 경제뿐만 아니라 생활, 문화, 행정체계, 성향 등 사회 전반에 걸쳐 큰 변화가 나타났다.

장사를 잘하는 사람들 가정이 잘살고 … 그전엔 고난의 행군이 시작돼서는 행정이나 병원, 기술자들이 못살고 굶어 죽는 사람들이 더 많고. 오히려 머리가 터서 장사를 빨리 한 사람들이 더 잘살고 … (북한이탈주민 2 면담, 2012. 10. 9).

배급을 안 주면 자기 소포지라고 자기 땅을 조금 가꿔요. 주말이면 애들보고 좀 같이 가자고 해서 장마당에 팔기도 해요(북한이탈주민 6 면담, 2012. 11. 22).

고난의 행군이 시작되면서 무슨 당 간부나 그게 없고 장사를 잘한 사람들이 잘살지 … 근데 그전에는 그랬는데 고난의 행군이 시작되고 나서는 당 간부라고 크게 뭐 효력이 없었어요. 오히려 그런(당 간부) 사람들 살기 더 힘들었죠 … (북한이탈주민 7 면담, 2012. 11. 26).

배급을 받겠다는 개념 자체가 없어졌어요. 그런 의식 자체가 없어요 … 어느 중학교에 가서 배급받자는 사람이 있는지 물어보면, 무슨 소리? 미친 사람 취급할걸요?(북한이탈주민 11 면담, 2013. 4. 26)

이러한 장마당의 등장은 북한체제 유지에 중요한 역할을 한 당의 사회 전체에 대한 통제력을 약화시킴으로써 사회의 전체적인 응집력 약화를 가져왔고, 북한주민은 점차 개인주의화되어 갔다(임도빈 · 안지호 · 신혜영, 2012).

고난의 행군 이후 북한사회의 전반적인 변화에 따라 북한주민의 체육과 여가의 개념이나 활동도 변화되기 시작하였다. 고난의 행군 이전에 북한 정권은 주민의 개인적인 생활이나 경제활동을 조직적으로 통제하여 체육과 여가활동에 있어 관리와 통제가 용이하였다. 고난의 행군이 시작되면서 북한 정권은 여전히 주민의 체육과 여가활동을 관리하고자 했으나 경제난으로 주민들에

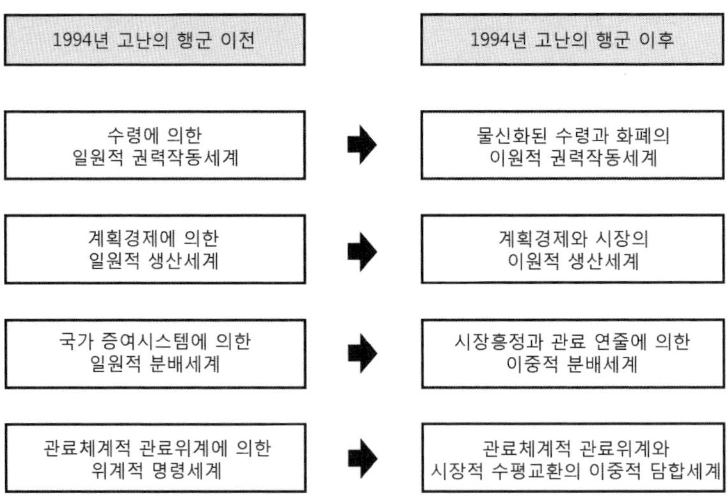

출처: 김종욱(2010: 291)

그림 3-1 국가운영 작동방식의 변화

대한 통제가 약화되어 과거에 비해 체육과 여가활동에 대한 관리가 약화된 것으로 보인다. 주민들의 체육과 여가활동에 요구되는 각종 경기시설물이나 문화회관 관리가 에너지난으로 인해 최소의 운영체제로 바뀌었으며, 운동이나 문화활동에 필요한 각종 장비에 대하여 국가적으로 집중 투자를 하기 어려워졌기 때문이다.

이러한 북한사회의 변화에 따라 북한주민도 과거와 달리 여가에 대한 개념 또는 인식의 변화를 겪고 있었다. 북한주민은 기존의 여가개념에 경제활동 개념을 추가하였다. 과거 북한의 여가활동은 당에 의해 의무적으로 해야 하는 노동이나 수업활동 등을 제외한, 당에 의해 실행되는 과외활동, 체육활동, 문화활동, 정치활동 등을 포함한 집단 활동 중심으로 인식되었다. 그러나 고난의 행군 이후 북한주민에게 여가활동의 집단적인 의미는 제한되고 경제활동을 포함하는 개인적인 활동영역이 추가, 확대되는 추세로 보인다.

자본주의 체제에서 경제활동은 여가활동에서 제외되는 개념이지만, 북한주민들은 당에 의해 제약된 활동을 하는 것을 제외한 나머지 사적인 활동을 여가활동으로 인식하기 때문에, 이 책에서도 사적인 경제활동을 북한주민의 여가활동 범주에 포함하였다. 실제로 북한에서는 공적 영역인 직장과 당 활동을 제외한 개인적인 활동을 여가활동의 개념에 포함하고 있다. 사적인 재산을 증식하는 행위 역시 여가활동으로 치부하고 있는 북한주민의 여가활동에 대한 인식은 북한의 여가를 이해하기 위한 중요한 개념이다(나영일 외, 2013).

그러나 북한주민의 이러한 변화와 달리 북한 정권은 군대 중심으로 국가제도를 개편하고, 신체 중심의 체육활동을 정책적으로 강화하여 시대적 위기를 극복하고자 하였다. 김정일은 경제적 위기 속에서도 여전히 "나라의 체육을 발전시키자면 체육을 대중화해야 합니다."라고 주장하며, 신체활동을 강화하고자 하였다. 『로동신문』(1995. 2. 27)에서도 "체육을 대중화하여야 전체 인민을 로동과 국방에 튼튼히 준비시킬 수 있으며 전문체육도 발전시킬 수 있다. 체육을 대중화하면 사람들이 어려서부터 운동을 많이 하게 됨으로써 건강하고 튼튼한 체력을 가질 수 있고 조국보위와 사회주의 건설에서 주인으로서의 역할을 원만히 수행해 나갈 수 있다."라며 체육의 대중화에 관심을 가지고 지속적으로 언급하였다.

그러나 과거에 비해 경제침체로 인해 중앙계획경제가 붕괴됨으로써 체육에 대한 경제적 지원도 감소할 수밖에 없었다. 또한 주민들 가운데에는 생활고에 시달리는 사람들뿐만 아니라 아사자들도 많이 발생하여, 당 중앙에서 주민들에 대한 통제가 약화된 상태였다. 따라서 체력 소모가 많고, 주민들의 실생활과 거리가 있는 여가와 체육의 대중화는 실질적으로는 어려웠을 것으로 보인다. 그렇지만 북한 정권 입장에서는 여전히 주민들의 여가활동으로 체육활동을 장려할 수밖에 없었을 것이다. 주민들에게 애국심, 애향심, 소속감, 응집력 등을 강화시키고, 자연스럽게 주민들을 통제할 수 있는 효과가 있는 수단이 바로 체육활동이었기 때문이다. 또한 사회주의 체제를 여전히 고수하는 북한이었지만, 외부적으로 다른 사회주의 국가들의 붕괴가 주민들에게 미치는 영향을 고려하지 않을 수 없었을 것이다. 이처럼 북한 정권 초기부터 주민 통제와 국방력, 노동력 강화의 수단이었던 체육은 북한 지배층의 주요 관심대상이었다.

고난의 행군으로 사회는 전반적으로 침체된 분위기였으나, 체육에 대한 관심은 여전히 있었다. 그러나 체육은 과거 여가활동으로서의 체육의 대중화가 이루어졌던 것이 아닌 국방력 강화 차원에서의 국방체육 대중화 중심으로 바뀌었다. 이는 북한 정권이 다른 사회주의 체제 국가들의 붕괴를 보고 내부적으로 국방력을 강화하는 한편 주민들의 통제를 보다 강화하기 위해 체육활동을 제도화한 것으로 추측할 수 있다. 이 시기에 국가체육위원회 부위원장(1994) 김관철의 '체육사업발전에서 우리 당이 견지하는 일관방침'이라는 연설 내용에서도 북한 정권이 국방체육을 장려하고 있었음을 다음과 같은 기사를 통해 알 수 있다.

> 국방체육을 위주로 하는 대중체육을 발전시킨다는 것은 전체 인민이 국방적 성

> 격을 띠는 체육활동을 주로 많이 하면서 여러 가지 체육활동에 적극 참가하게 함으로써 체육을 인민대중 자신의 사업으로 만든다는 것을 의미한다. 국방체육을 위주로 하는 대중체육을 강화하는 방향으로 나가야 우리는 전체 인민을 로동과 국방에 튼튼히 준비시켜 사회주의 조국을 굳건히 보위하고 사회주의 건설을 힘있게 다그쳐 나갈 수 있다. 또한 용감하고 강의하며 담대하고 슬기로운 우리 민족의 우수한 기질을 높이 떨칠 수 있다. (생략) 공산주의적 인간 육성에는 체육의 몫도 있다. 국방체육, 대중체육을 참여하고 활발히 벌려야 전체 인민들을 높은 사상의식 수준과 도덕적 풍모에 맞는 건전한 체력과 강의한 혁명가적 기질을 가진 공산주의적 인간들로 준비시켜 나갈 수 있다(『로동신문』, 1994. 11. 10).

이러한 북한 정권의 주민들에 대한 국방체육의 강화는 1998년 개정한 헌법에서도 잘 나타난다. 개정 헌법은 선군정치를 기초로 강성대국을 건설하겠다는 목표를 세워 과거보다도 더 국방력 강화에 총력을 기울이고 있는 것으로 보인다. 이는 1980년대 후반부터 사회주의 체제 국가들의 붕괴에서 오는 부담 혹은 불안감에서 비롯된 것이다. 선군 정치는 "군대이자 당이고 국가이며 인민이다."(박형중 외, 2004)라는 표현처럼 군사와 국가, 그리고 인민이 모두 같음을 의미하며, 군에 의한 정치체제를 정면으로 내세운 것이다.

또한 북한의 조선사회과학자협회 최병천(2006) 과장이 언급한 북한의 체육정책은 "체육은 조국의 부강발전을 이룩하고 나라의 방위력을 강화하며 인민들의 건강과 민족의 륭성번영을 보장하기 위한 주요한 사업이며 조국의 영예를 직접 빛낼 수 있게 하는 가장 적극적인 수단"이었다. 그러면서 그는 김정일이 "체육을 대중화하여야 합니다. 체육을 대중화하는 것은 우리 당의 일관한 방침입니다."라고 언급했음을 지적했다. 이는 북한이 체육을 통해서 사회체제의 국가들이 추구했던 주민들의 체력을 향상하여 국방과 노동력을 강화하는 정책을 여전히 중점적으로 시행하고 있음을 단적으로 언급한 것이다. 그가 언급한 북한의 체육정책을 요약하면 <표 3-6>과 같다.

표 3-6 최병천(2006)이 언급한 김정일 정권의 체육정책

- 우리 당의 체육정책에서 가장 중요한 것은 체육을 대중화하는 것이다.
· 체육을 대중화하는 것은 모든 근로자와 청소년들을 체육에 적극 참가시키는 것이다.
· 우리가 국방체육을 위주로 대중체육을 발전시키는 것을 중요한 정책으로 내세우는 것은 전체 인민들을 조국방위에 튼튼히 준비시키기 위해서이다. 튼튼한 체력은 국방력의 하나이다.
· 우리는 국방체육을 위주로 하는 대중체육을 발전시키기 위하여 국방체육 종목을 가지고 경기도 조직하고 훈련도 정상적으로 하도록 하고 있으며 특히 태권도를 장려하고 전체 인민이 다 태권도를 하도록 하고 있다.
· 우리 공화국에서는 사회적으로 운동하는 기풍을 내세워 온 나라가 대중체육이 흥성거리게 하고 있다.
· 우리는 학교 체육사업에서 기본을 학생들의 키를 크게 하고 몸을 조화롭게 발달시키며 그들이 체육에 대한 기초지식과 한 가지 이상의 체육기술을 소유하도록 하고 있다.
· 우리나라에서는 근로자들이 체육에 관점을 바로 가지고 자기 단위의 특성에 맞게 진행하는 여러 가지 체육경기와 체육유희들에 적극 참가하도록 하고 있다.
- 우리 당의 체육정책에서 다음으로 중요한 것은 체육기술을 빨리 발전시키는 것이다.
· 김정일 동지에 의하면 "현 시기 우리나라 기술발전의 기본 방향은 우리 인민의 기호와 체질에 맞고 파악이 있는 종목들의 기술을 선차적으로 발전시키면서 다른 모든 종목의 기술을 발전시켜 여기에 따라 세우는 것입니다."

출처: 최문식(2006: 31~40)

이와 더불어 북한 정권은 민속놀이를 군중적 집단놀이로 변형하여 1960년대부터 장려하여 지금까지 지속시키고 있다. 특히 고난의 행군 이후에 북한 정권은 '조선민족제일주의'를 내세우며 민속놀이를 활성화하는 정책을 실행하였다. 김정일은 "우리 인민의 고유하고 우수한 미풍량속을 옳게 살려 나가는 것은 당의 일관한 방침입니다."(『로동신문』, 1996)라고 말했으며 "우리 인민들 속에서 예로부터 전통적으로 내려오는 민속놀이를 장려하면 사람들에게 민족적 자부심과 긍지를 높여 줄 수 있고 우리 민족의 우수한 민족문화유산을 계승발전시켜 나가는 데서도 좋겠습니다."(『로동신문』, 1996)라고 민속놀이에 대해 언급하였다. 이에 따라 북한 정권은 민속놀이에 민족적 정서와 더불어 사회주의 사상을 첨부하여 고유의 명절과 아동절에 민속놀이를 장려하였다.

북한 정권이 장려하는 민속놀이 역시 주민들의 체력을 단련하기 위한 수단 중의 하나였다. "남자들의 체력단련놀이에는 씨름, 밧줄 당기기, 차전놀이, 짐나르기놀이, 농기놀이, 달리기, 륜목희,[12] 투호와 함께 구기놀이인 격구,

타구, 장치기, 기구, 포구 등이 있었다. 여자들의 체력단련놀이에는 널뛰기, 그네뛰기, 놋다리놀이 등이 있었다. 이러한 체력단련놀이들은 우리 선전의 건전하고 락천적인 생활, 집단력을 잘 보여 주고 있다."(『로동신문』, 1996. 5. 5) 『로동신문』의 언급처럼 민속놀이 역시 주민들의 체력을 강화하고 민족성이라는 명분 속에서 집단주의적 사회주의 사상을 강화하는 수단이었다. 그러나 고난의 행군 이후의 경제난으로 주민들은 여유가 없어 민속놀이는 대중적으로 활성화되지는 못했다.

북한 정권은 고난의 행군 이후에도 주민들의 체제에 대한 불만을 돌리기 위해 국제대회에서의 우승을 중시하였다. 이 시기에 김정일은 엘리트 체육과 관련하여 "우리는 체육기술을 빨리 발전시켜 체육의 모든 종목에서 먼저 아시아의 패권을 쥐고 나아가서 세계의 패권을 쥠으로써 우리나라를 < 체육의 왕국> 으로 만들어야 합니다."(『로동신문』, 1996. 2. 6)라고 언급하였으며, 경제난과 같은 어려움에도 불구하고 엘리트 선수에 대한 대우는 여전히 보장해 주었다. 북한이탈주민의 다음과 같은 증언은 이러한 사실을 구체적으로 보여 주고 있다.

> 금메달을 따고 나라의 위상을 높였다. 그게 됐으면 나라에서 아 저놈들 이번에 몽땅 다 해결해 줘라. 집을 다 평양시에다 잡게 한다든가, 그다음에 그 부모들이 시골에 있는 거를 올린다든가, 예전처럼 그런 식으로 하는 거지. 나가서 꼴찌나 하고 오면 오히려 와서는 그 훈련했던 놈들 뭐 목을 자른다든가 뭐 난리 나는 거지(북한이탈주민 1 면담, 2012. 9. 26).

그러나 1980년대 이후 북한은 한국과의 국력 차가 심해지고 한국의 우수한 엘리트 선수들이 국제적으로 많이 배출되어, 남북 간의 엘리트 선수들의 격차가 점점 심해져 과거처럼 엘리트 선수들을 이용한 체제 선전이 어려워졌

---

12 륜목희(輪木戲): 승경도(勝景圖) 놀이에 쓰는 일종의 주사위 놀이.

다. 그래서 북한 정권은 국제대회에서 한국 운동선수들과의 경쟁보다는 사회주의 국가 간의 체육교류에 치중하였다.

2. 체육과 여가행정

북한은 정권 초기부터 주민들의 체육과 여가에 관심이 있었지만, 이를 담당하는 전문 행정부서가 따로 없이 교육성(教育省)에서 그 기능을 수행하였다. 본격적인 체육과 여가정책은 한국전쟁 이후 1954년 6월 내각 직속으로 '조선체육지도위원회'가 설치되면서 체계적으로 실시되었다. 당시 조선체육지도위원회는 대외사업처, 국방체육처, 군중체육처, 기술체육처 등의 4개 처와 체육과학연구소 및 경기단체를 산하에 두었다. 이 중 북한주민의 체육대중화에 관여한 곳은 군중체육처이다. 당 중앙에서 권장하는 여가활동이 주로 체육 중심이었던 것으로 감안한다면 군중체육처가 북한주민의 여가활동에 가장 많이 관여했을 것으로 보인다.

조선체육지도위원회는 초기부터 내각에 속해 있어 독자적인 조직 운영을 하지 않았지만, 체육을 분야별로 보다 세분화하여 대상별로 조직적으로 관리, 감독할 수 있는 행정조직체제를 갖추었다. 다음 <그림 3-2>는 1954년도 조선체육지도위원회의 조직도이다.

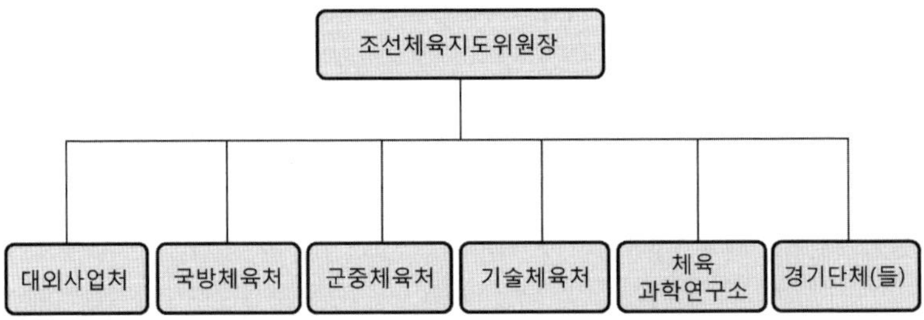

그림 3-2 조선체육지도위원회 조직도(1954)

이러한 내각 직속기구인 조선체육지도위원회는 체육행사, 국제경기, 인민체력검정 등 엘리트 체육에서부터 주민들의 체육과 여가활동까지 총망라하여 관여하였다. 이는 북한의 당 중앙이 엘리트 선수부터 일반 주민들까지 조직적으로 관리 감독할 수 있는 행정구조였기 때문에 가능했다. 게다가 조선체육지도위원회가 경기용 기자재의 보급, 국가 수준의 우수선수양성, 각종 체육행사에 필요한 예산 책정과 산하단체 예산 편성과 재정 감독(성문정, 2001b: 113) 등 체육행사에 필요한 모든 재정적인 부분에 대한 권한을 가지고 있었음을 의미한다. 따라서 북한의 모든 체육활동은 당 중앙에서 관리 감독과 통제가 가능한 것이다.

조선체육지도위원회는 1969년 전국체육대회를 개최하면서 내각에서 분리되어 제도상으로는 독자적인 기구로 발전하였다. 이후 조선체육지도위원회는 체육과 관련된 업무를 전문적으로 담당하여 엘리트 체육뿐만 아니라 북한 주민의 체육과 여가활동까지도 체계적으로 관여하였다. 시간이 지날수록 북한 정권은 체육과 여가활동을 북한주민을 통제하고 국위를 선양하는 수단으로 많이 활용하였기 때문에 조선체육지도회의 역할이 확대되었다. 이에 조선체육지도위원회는 필요에 따라 조직을 확대시키다가 1989년에 '조선국가체육지도위원회로' 명칭을 변경하면서 조직의 질적, 양적 변화를 꾀하였다.

조선국가체육지도위원회에서는 북한주민을 대표하는 각종 대표자가 참여하여 전국적인 체육행사, 국제 경기, 인민체력 검정 등에 관한 제반사항을 기획하고 관리 · 운영에 주도적인 역할을 하였다. 이러한 관리 · 운영은 북한 정권이 북한주민 개개인들의 체육과 여가활동을 조직적인 단체활동으로 참여시켜 주민들을 효과적으로 통제할 수 있게 제도적으로 뒷받침하기 위한 것이다. 또한 조선국가체육지도위원회는 구소련의 디나모(Dinamo)[13]의 운영방

---

13 디나모(Dinamo)는 1923년 지루진스키에 의해 조직된 구소련에서 가장 오래된 연방 규모의 스포츠단체이다. 내무성이나 국가안전위원회 기구의 근무자와 가족을 구성원으로 한다. 구소련의 각 지방, 도시에 하부 조직인 스포츠 클럽과 시설을 두고 있으며, 구소련 체육 스포츠 활동의 지도적 역할을 하고 있다. 특히 모스크바 · 키예프 · 트빌리시의 축구

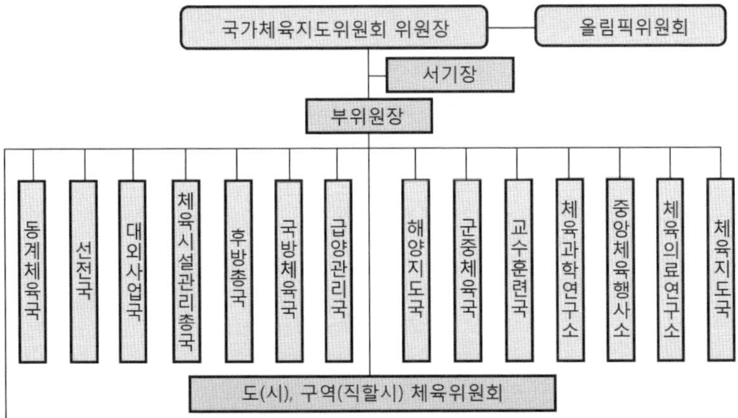

국방체육협회	아이스하키협회	체조협회	야구협회
권투협회	력도협회	축구협회	배드민턴협회
롱구협회	요트협회	카누협회	체육정보협회
레스링협회	유술협회	태권도협회	스포츠곡예협회
배구협회	륙상협회	펜싱협회	조선무술인협회
사격협회	빙상협회	탁구협회	핸드볼협회
수영협회	자동차협회	락하산체육협회	우슈협회
피겨스케이팅	자전차협회	체육기술협회	모형항공기협회
스키협회	정구협회	대학생체육협회	조선경기협회
	집단체조협회	궁술협회	수상스키협회

출처: 이학래 · 김동선(2004: 70)

그림 3-3 국가체육위원회 기구도

식과 비슷하게 스포츠 용품을 개발하고 보급하여 각종 국가적 행사와 우수 선수 양성 또한 운영 관리[14]하였다.

이어 1994년에는 조선국가체육지도위원회는 국가체육위원회로 변경되었다. 국가체육위원회는 <그림 3-3>과 같이 체육지도국, 교수훈련국, 군중체육국, 해양지도국, 급양관리국, 국방체육국, 후방총국, 체육시설관리총국, 대

팀은 국제적으로도 유명하며, 스포츠 지도자도 많이 배출하였다(이태신 · 김창환, 2000).

14 조선국가체육지도위원회는 체육기구공장과 유기적인 관계를 맺고 체육사업에 소요되는 각종 경기용 기자재의 보급과 국가 수준의 우수선수양성, 각종 체육행사에 필요한 예산 책정과 산하단체 예산 편성, 재정 감독의 기능까지 수행하였다(성문정, 2001b: 113).

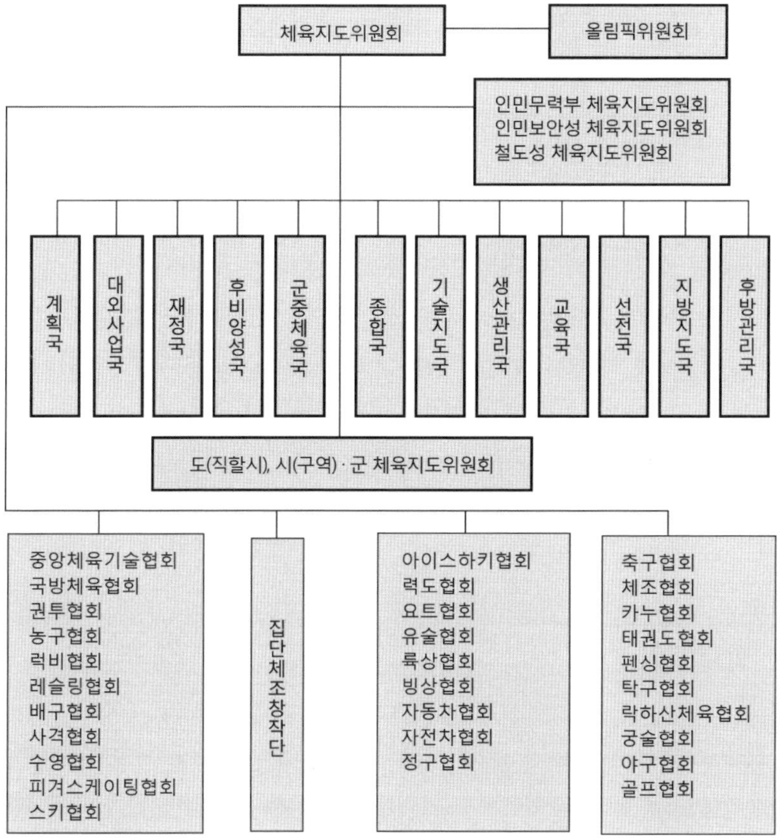

출처: 통일연구원(2009: 431)

그림 3-4 체육지도위원회 조직체계

외사업국, 선전국, 동계체육국 등 11개의 부서와 체육과학연구소, 중앙체육행사소, 체육의료연구소, 집단체조창작단, 국가종합체육선수단 등 부설기관과 40여 개의 경기 및 관련단체를 산하에 두고 있다.

2009년 통일연구원이 발간한 『북한 개요』에 의하면 북한의 체육 조직은 또 한 번 개편된 것으로 나타나고 있다. <그림 3-4>와 같이 체육지도위원회, 올림픽위원회 아래에 서기장과 부위원장이 없어지고, 인민무력부 체육지도위원회, 인민보안성 체육지도위원회, 철도성 체육지도위원회가 신설되었다. 그 아래 계획국, 대외사업국, 재정국, 후비양성국, 군중체육국, 종합국, 기술지도국, 생산관리국, 교육국, 선전국, 지방지도국, 후방관리국 등 12국이 있으며, 산하 단체로 30여 개의 경기 협회가 구성되어 있다.

북한의 지방행정조직으로는 시・도 체육위원회와 시・군(구역) 체육구락부[15]가 있다. 각급 체육위원회는 중앙의 국가체육지도위원회가 제시하는 각종 운동 종목 실시방법과 요강을 직접 보급함으로써 실무자적 역할을 담당하고 있다. 또한 해당 인민위원회에 부과되는 체육부문별 과업을 수행하는 부서로서 당의 체육정책을 수행하며 관할 지역의 체육을 대중화하고 체육기술의 수준을 높이기 위한 사업을 조직하고, 지도하고 있다. 동시에 관할 지역의 체육강습소와 체육시설과 체육구락부의 상업도 지도하고 있다(성문정, 2001b: 114).

3. 학교체육

북한은 1945년 이후 집단주의를 강조한 사회주의 사상과 김일성의 우상화와 주체사상을 북한 교육 전반의 기본정책 방향으로 삼고 이를 실천해 나갔다. 집단주의를 강조한 사회주의 사상으로 인해 북한 청소년들은 개인적 활동보다 단체활동을 중심으로 일상생활을 하고 있다.

초창기에는 구소련의 학교 정책을 도입하는 데 치중했지만, 김일성의 장기 집권에 따라 주체사상에 기초한 사회주의 교육이 점차 발달하였다. 1977년 9월 5일 김일성이 발표한 '사회주의 교육에 관한 테제'[16]가 주체사상에 기초한

15 체육구락부에는 일반체육을 담당하는 일반 체육구락부 이외에 국방체육을 담당하는 국방체육구락부와 해양체육구락부가 설치되어 있다. 이들 구락부는 북한에 있어서 체육의 대중화를 위한 말단 조직으로서 공장, 기업체, 학교, 협동농장별로 조직된 체육소조를 통하여 신인 선수를 발굴 육성시키는 역할을 한다(성문정, 2001b: 114).

16 사회주의 교육테제는 제1장 사회주의 교육의 원리, 제2장 사회주의 교육의 내용, 제3장 사회주의 교육의 방법, 제4장 사회주의 교육제도, 제5장 교육기관의 임무와 역할, 교육사

표 3-7 사회주의 교육을 실천하기 위한 네 가지 원칙

첫째, 사회주의 교육은 그 계급적 본질에 있어서 당적이며 노동계급적 교육이므로 교육 사업에 당성이 관철되어야 한다. 그것은 곧 당의 유일사상체계를 세우는 것을 의미한다. 그리고 교육 사업에서 당의 유일사상체계를 세우는 목적은 사람들을 당에 끝없이 충실한 혁명가로 키우는 데 있다.
둘째, 사회주의 교육은 교수-교양 사업을 자기 나라 실정과 자기 인민의 이익에 맞게 진행하며 자기 나라 혁명의 주인으로 키우는 주체적인 교육이 되어야 한다.
셋째, 교육은 실천의 요구로부터 발생하였으며 실천을 위하여 복무하기 때문에 교육을 혁명 실천과 결합하는 것은 사람들을 쓸모 있는 산지식과 실천능력을 겸비한 공산주의적 혁명 인재로 키우기 위한 필수적인 요구이다.
넷째, 사회주의 교육은 사회주의 국가의 사상, 문화 교양의 무기이고, 교육 사업에 필요한 조건을 보장하는 것은 인민을 위하여 복무하는 사회주의 국가의 명예로운 의무이며, 사회주의 국가가 교육 사업을 책임지고 조직을 진행하여야 한다.
다만, 교육 원리는 근본적으로 레닌과 소비에트 사회주의 교육 원리를 토대로 하고 있다.

출처: 이학래 · 김동선(2004: 108)

북한 교육의 결정판(신효숙, 2006: 12)이며, 북한체제의 학교교육 기본정책 방향이었다.

북한 교육의 이념적 배경은 마르크스 · 레닌주의와 김일성의 주체사상에 기초하고 있다. 조선로동당규약(1970년 11월 개정)의 전문을 보면 '조선로동당'은 마르크스 · 레닌주의와 우리나라 현실에 마르크스 · 레닌주의를 창조적으로 적용한 김일성 동지의 위대한 주체사상을 자기활동의 지도적 지침(이종목, 1999: 332)으로 삼고 있다. 또한 『현대조선말사전』(1981: 230)에 의하면 사회주의 교육목표는 "당과 혁명을 위하여, 사회주의 제도와 인민의 이익을 위하여 자기의 모든 것을 다 바쳐 투쟁하는 혁명가를 길러 내는 이외에 그 어떤 다른 것으로 될 수 없다."라고 언급하고 있다.

이러한 북한의 학교교육원리는 체육교육에서도 같은 맥락에서 이루어지고 있다. 북한의 학교교육제도는 <표 3-8>과 같다. 또한 <표 3-9>는 북한의 영재 혹은 재능 있는 학생들을 중점적으로 양성하는 특수학교(음악, 무용, 조형 예술, 외국어, 체육, 공예)의 설립과 입학자격, 시험과목 등을 요약한 것이다.

업에 대한 지도와 방조 등 5개 장으로 구성되어 있다(이학래 · 김동선, 2004: 108).

표 3-8 북한의 학교교육제도

<table>
<tr><td rowspan="2">고등교육</td><td colspan="2">· 박사원(2~4년)
· 연구원(준박사)</td><td rowspan="2">· 공장대학
· 농장대학
· 어장대학
· 통신대학(4~6년)</td></tr>
<tr><td colspan="2">· 대학(4~7년)
· 단과대학(3~4년)
· 고등전문학교(2~3년)</td></tr>
<tr><td>중등교육</td><td rowspan="3">11년
의무
교육</td><td>중학교(6년)</td><td rowspan="3">수재 교육기관</td></tr>
<tr><td>초등교육</td><td>소학교(4년)</td></tr>
<tr><td rowspan="3">학교 전 교육</td><td>유치원(높은 반 1년)</td></tr>
<tr><td colspan="3">유치원(낮은 반 1년)</td></tr>
<tr><td colspan="3">탁아소</td></tr>
</table>

출처: 김일기 외(2012: 262)

표 3-9 북한의 특수학교 설립(1979)

학교	교육현황
음악학교	· 1960~1961년 설립 · 11년제(인민학교~고등중학교)
무용학교	· 1960~1961년 설립 · 11년제(인민학교~고등중학교)
조형예술학교	· 1960~1961년 설립 · 11년제(인민학교~고등중학교)
외국어학교	· 7년제 · 입학자격: 인민학교 졸업예정자 중 외국어에 발전성이 있는 자 · 서류제출장소: 시(구역) · 군인민위원회 고등 및 대학생 모집과 · 시험과목: 공산주의 도덕, 국어, 수학, 자연, 체육
체육학교	· 1960~1961년 설립 · 4년제 · 입학자격: 고등중학교 졸업자 중 체육 특기자
공예학교	· 4년제 · 입학자격: 고등중학교 졸업자 중 공예 부문 특기자 · 시험과목: 조선역사, 물리, 실기

출처: 윤재근 · 이상호 · 박상천(1991: 139)

1) 한국전쟁 이전

1945년 초창기에 북한 정권은 일제의 잔재를 청산하고 민족의 문화를 교육과정에 반영하여 사회주의 제도에 맞게 개혁을 단행(김형찬, 1988)하고자 하였다. 체육교육에서도 구소련의 교육이론 도입으로 인해 유물론적인 견해에 의한 이론과 실천의 중요성이 강조되어 체육은 사회주의 건설의 역군에게 요구되는 튼튼한 체력을 배양하는 과목으로 인식되었다(김남주, 2000). 학제는 당시 미국의 초등학교와 비슷한 6년제로, 명칭은 초등학교에서 인민학교로 바뀌었다. 인민학교의 전체 수업시간에서 약 10% 정도가 생산실습을 포함하는 체육활동을 제공하였으나 김일성의 공산주의 이념화와 공산주의 사상에 치중하였다(김동규, 1990).

북조선임시인민위원회 교육국은 1946년 12월 '북조선학교 교육체계에 관한 규정 및 그 실시에 관한 조치'를 결정하면서 북한의 인민교육체계를 수립하였다. 체육교육에서는 체육수업을 줄이는 대신 과외시간에 체육활동을 장려하고, 매 교수시간을 45분으로 하였다. 그리고 1947~1948년 사이에 인민학교의 체육수업을 주당 2시간씩 학년마다 평균 72시간 수업하도록 하였다. 이에 각 학교는 소학교 기간에 350시간, 초급중학교 기간에 210시간, 고급중학교 기간에 체육수업 140시간을 할당하였다(홍성보, 2011: 68). 그러나 북한 정권은 곧바로 줄어든 학교 체육수업 대신 청소년들의 과외체육소조활동[17]을 강화하여(현주 · 김동선, 2014: 83) 청소년들 역시 일반 주민들과 마찬가지로 체육 중심의 여가활동을 장려하고자 하였다.

1947년 6월 11일 북조선로동당 중앙위원회 상무위원회는 "청소년군중문화 및 체육사업에 대하여" 토의를 하고, 민청단체들의 문화예술과 체육 사업

---

17 과외체육은 개별적인 소조나 학급 단위, 또는 체육소조를 통하여 실시한다. 체육소조란 인민학교 상급 학년 25명 이상의 신청이 있을 때 체육 담당교사나 학교장이 임명한 지도원에 의하여 15~20명 단위로 조직된다. 북한은 이를 통하여 우수 선수와 체육 열성자를 육성한다(이학래 · 김동선, 2004: 127).

을 강화하도록 결정하였다. 특히 김일성은 1948년 8월 7일 대동군 재경인민학교를 현지지도하면서 학생들의 과외체육과 예술활동을 강조하였다(조남훈, 1992: 94).

이어 북한은 1948년 7월 8일 제정된 '인민체력검정제도'를 통해 청소년들이 광범위하게 체육교양을 받을 수 있도록 추진하면서 학교 체육도 강화되었다. 그러나 학교체육은 제도적으로 많은 개혁을 했음에도 불구하고 기존의 수업방식을 그대로 따르고 있었으며, 추가로 사상교육을 많이 했음을 실향민의 다음과 같은 증언을 통해 알 수 있다.

> 체육시간이라는 것이 그렇게 특별한 것은 없었어요. 손체조하고 달리기나 조금 하고 그런 것밖에 없었어요. 체육선생님이 있긴 있어도 … 그때 당시에 북한 학생들이 중학교 교육에서 뭘 들었냐 하면 사상교육을 들었지. 사상교육은 예를 들어서 그 미 제국주의가 어떻다 하는 그런 사상교육이 주였어(실향민1 면담, 2012. 10. 23).

또한 북한은 일반 청소년들의 여가활동을 위해 방과 후에 체육소조활동을 실시하였고, 각 도에 설치된 체육구락부에서 운동에 재능이 있는 학생들을 조기부터 발굴하여 양성하였다. 북한의 이러한 정책은 1946년 체육수업시간을 줄이면서 청소년들의 체육활동을 보충하고자 시행되기 시작하였다.

이처럼 북한에서는 해방 이후 한국전쟁 발발 전까지 일반학생들의 과외체육활동을 보편적으로 실시하고자 하였다.

2) 고난의 행군 이전

북한은 한국전쟁 이후 사회 전반에 걸쳐 전쟁복구에 전념하였다. 북한 정권은 집단주의 사회주의 건설을 체계적으로 확립하기 위해 사상적 세뇌교육에 관심을 두었다. 사회주의 사상 교육은 사회(직장, 마을, 각종 단체, 협회 등)

에서도 실시되지만, 근본적으로는 학교교육의 많은 비중을 차지한다. 학교는 교육을 통해서 사회의 구성원들을 그 사회가 요구하는 인간으로 사회화시키는 역할을 수행한다. 따라서 많은 사회주의 국가는 정권 초기부터 학교교육의 중요성을 인식하고 그에 따른 정책을 실행하고 있다. 북한 정권 역시 정권 초기부터 교육성(教育省)을 두고 조직적으로 학교교육에 관여하였다. 이렇게 북한 정권은 학교교육을 통해 사람들에게 사회주의 사상 교육을 체계적으로 실시하고자 하였다. 그리고 많은 사람에게 사회주의 사상을 세뇌하기 위해 교육의 기회를 확대하여 1950년부터 사회주의 평등원리를 내세워 인민학교 의무교육제도를 실시하였다.

북한은 1950년 의무교육제도를 도입할 당시에는 초등학교(5년제)에만 국한하여 의무교육제도를 실시하였다. 그러나 사회주의 체제가 발달하면서 보다 지속적이고 체계적인 사상교육의 필요성과 전후복구 사업 이후 경제적인 발전으로 인해 사회적으로 요구되는 인력들을 양성하기 위해 북한 정권은 1958년에 중등의무교육(7년제)을 도입하였다. 이 시기 북한 정권의 초등의무교육제도의 개편 목적을 살펴보면, 제1차 경제개발 5개년 계획(1956~1961) 기간에 경제발전을 위해 기술자들(이종목, 1999: 333)을 학교교육을 통해 단기간에 충원하고자 한 것이다. 이어 북한 정권은 의무교육제도를 10년간 유지하다가 1967년에 기술의무교육(9년제)을 실시하였고, 현재에는 1975년에 도입한 전반적 의무교육(11년제)을 실행 중이다. 이를 정리하면 <표 3-10>과 같다.

표 3-10 북한의 의무교육제도의 역사

시행연도	의무교육의 내용
1950년	5년제 초등의무교육(한국전쟁으로 중단)
1956년	4년제 초등의무교육
1958년	7년제 중등의무교육(인민학교 4년 + 중학교 3년)
1967년	9년제 기술의무교육(인민학교 4년 + 중학교 5년)
1975년~현재	11년제 전반적 의무교육(유치원 1년 + 인민학교 4년 + 고등중학교 6년)

출처: 곽노의 · 이용자(2006)

표 3-11 북한 청소년의 의무노동 할당량(1982)

학교	노동기간	내용
인민학교	연간 2~4주	필요에 따라 수시 동원
고등중학교	연간 4~8주	소년단 조직을 통해 동원
고등전문학교	연간 10주	소년단 조직을 통해 동원
대학교	연간 12주	졸업반은 실습으로 충당 인문계 12주 기술계 14주

출처: 윤재근 · 이상호 · 박상천(1991: 134)

이와 더불어 북한 정권은 일하면서 배우는 교육이라는 명목하에 1959년 3월 '내각결정 18호'에 의거하여 학생들의 의무노동제를 실시하였다. 이는 북한 정권이 교육이라는 명목을 내세워 청소년들의 노동력을 무상으로 제공받았던 것이다. 학생들은 노동자와 동일한 작업량을 할당받아 일을 해야만 했다.[18] 학교별 할당량은 <표 3-11>과 같다.

1968년에 북한의 교육사업은 김일성의 우상화에 중점을 두었다. 북한 정권은 당의 유일사상체계를 확립한다는 명분을 내세워 김일성 우상화 교육을 교육과정에 확고하게 정착(조선중앙통신사, 1949)시켰다. 이에 따라 북한의 인민학교에서는 김일성 우상화 교재가 정식교과목으로 채택(이종목, 1999: 333)되고 이를 가르쳤다. 학교 체육수업 역시 주체사상의 기본 이념인 자주성을 실현하기 위해 국방체육을 중심으로 이루어졌다. 그리고 이 시기에 학교 체육수업의 질을 높이기 위하여 인민학교에서도 체육전문 교원을 배치(김기선, 1995)하여 전문적으로 가르치기 시작하였다.

학교 체육수업뿐만 아니라 학교 밖에서 이루어지는 체육활동을 살펴보면

---

18 북한의 청소년들은 오후에 학교에서 지정하는 곳에서 그들의 노동을 무상으로 제공하면서 시간을 보냈다. 북한 정권 역시 청소년들에게 노력동원이라는 명분 아래 사회인들이 꺼리는 곳에서부터 잡다한 곳에까지 청소년을 보내어 노동력을 무상으로 제공받았다(현주 · 김동선, 2014: 82). 그리고 고난의 행군 이후에는 정권에서 지정한 시간과 상관없이 학생들의 노력동원이 수시로 이루어졌다.

표 3-12 1955년 체육구락부 운영 규정 개요

참가대상	인민체력검정 2급 이상 합격한 17~22세 남녀 청소년 학생
수료기간	2년 수업은 매주 2회씩 진행
수업과목	전공과목: 체조, 륙상, 롱구, 배구, 권투, 럭키, 레슬링, 송구, 축구, 자전거 등 공통과목: 인민체력검정종목, 체육행사조직법, 체육위생
자격증	전과정 수료 후 성적에 따라 체육선수 등급제에 의한 제2급 선수 이상의 유급선수 자격 또는 시, 군 심판원 자격

출처: 조선중앙통신사(1956: 141)

1954년 체육협회 및 종목별 분과위원회를 설립하면서 과외체육이 조직적으로 실시되기 시작하였다. 이어 1955년 4월 체육관련 규정을 정비하고, 11월 1일부터는 평안북도를 비롯한 여러 도에 '청소년체육구락부'가 개설되었다(조선중앙통신사, 1956: 141). <표 3-12>는 1955년 초창기 체육구락부 운영 규정에 대한 개요이다.

1954년부터 실시한 북한의 체육구락부는 운동에 재능이 있는 학생들을 그 지역에서 선발하여 집중적으로 훈련과 체육과외활동을 실시하는 곳으로 시, 군, 구에 1개씩 설치되어 있다. 체육구락부의 운동 종목은 지역마다 차이가 있으며, 각 종목에 전문지도원이 있다. 체육구락부 활동은 주로 학교 수업이 끝난 이후에 시작되며, 북한 엘리트 선수들을 양성하는 기초 기관이기도 하다. <표 3-13>은 1960년부터 1968년까지 북한의 체육단체와 체육구락부의 현황이다.

<표 3-13>을 살펴보면 1960년에는 2급[19]에 해당하는 운동선수들이 훈련하는 체육구락부가 71개에 불과하였지만 1966년에는 수백 개, 그 이후에는 수많은 체육구락부가 운영되었음을 알 수 있다. 그리고 북한 정권은 체육구락부를 확대함과 동시에 운동에 우수한 청소년들을 조기에 발굴하기 위해서 1964년부터 전국체육구락부생 체육대회를 실시하였다. 북한에서는 전국체육구락부생 체육대회 이외에도 청소년들을 위한 10여 종의 체육대회가 있

19 <표 3-3> 1955년 스포츠 선수 등급제 참조.

표 3-13 1960~1968년 체육단체 및 체육구락부 현황

연도	현황
1960년	2급(축구 35개, 롱구(남 · 여) 36개)
1961년	2급(축구 111개, 롱구(남 · 여) 130개, 송구 11개, 투구 5개)
	전문체육단체, 강철/풍년/천리마/번개/기관차 체육협회
	체육단체 908개
	청소년체육학교 150여 개
	국방구락부/크르쇼크(사격, 해양통신, 자동차, 뜨락또르, 항공 등) 수만 명 양성
1962년	· 초급체육단체 9,097개: 1급(수십 개), 2급(17개 종목, 590개), 3급(공장/기업소/기관, 수백 개), 시, 군 소재지 공장/기업소/학교에 조직 · 1960년보다 8.3배 증가
	· 도 소재지, 중요 사업지대에 조직: 국방구락부/크르쇼크(사격, 해양통신, 자동차, 뜨락또르, 항공 등) 수만 명 양성
1964년	지도 강화, 국방구락부/크르쇼크(사격, 해양통신, 자동차, 뜨락또르, 항공 등) 수만 명 양성
1965~1966년	수백 개의 체육구락부 운영
1967년	· 수많은 체육단 조직 활동: 2 · 8[20]/평양시/압록강/기관차/로동자/제비/갈매기/월비산/매봉간/오성산/반룡산/묘향산/두만강/초병/ 각 도 체육단 · 전년 대비 2배 증가
	체육구락부 1,000여 명 후비 양성, 각급 체육소조에서도 후비 양성
1968년	각 도 체육단, 중앙급 체육단에서 유일 사상 강조

출처: 조선중앙통신사(1962: 283~284; 1963: 253~254; 1965: 192; 1968: 198~199), 홍성보(2011: 188)

으며, 이들 체육대회를 통해 우수한 선수들을 발굴하였다. 이를 통해 북한 정권이 1960년대부터 엘리트 선수의 양성에도 관심이 있었음을 알 수 있다.

20 2 · 8 체육단: 인민군 창건일인 2월 8일을 기념하는 체육단.

3) 고난의 행군 이후

북한 정권은 1990년대 경제적으로 어려웠던 고난의 행군 시기에도 학교교육을 통한 사상교육에 치중하였다. 이 시기에 북한 정권은 김일성, 김정일의 '충성동이와 효자동이', '수령결사옹위정신'으로 무장한 인간형을 강조하였다. 이것은 북한의 권력 세습을 정당화하기 위한 시도였다. 특히 북한 정권이 주장하는 주체형 인간의 특성은 학교교육과 조직을 통해서 끊임없이 재생산되고 있다(신효숙, 2006). 북한의 교육과정을 살펴보면, 김일성, 김정일 부자 숭배, 사회주의 체제의 우월성이 일찍부터 소학교 교육과정과 중학교 교육과정의 핵심내용으로 자리 잡았다. 그리고 <표 3-14>의 소학교 교육과정(2011)과 <표 3-15>의 중학교 교육과정(2011)에서의 체육수업을 살펴보면 소학교에서는 한 주당 2시간씩 모든 학년에서 실행되고 있으며, 초급중학

표 3-14 소학교 교육과정(2011)

교과명	학년별 주당 수업시간수			
	1학년	2학년	3학년	4학년
경애하는 수령 김일성 대원수님 어린시절	1	1	1	2
위대한 영도자 김정일 원수님 어린시절	1	1	1	2
항일 여성영웅 김정숙 어머님 어린시절				1
사회주의 도덕	1	1	1	1
수학	6	6	6	6
국어	6	6	7	8
자연	2	2	2	2
위생				1
음악	2	2	2	2
체육	2	2	2	2
도화 · 공작	2	2	1	1
외국어			1	1

출처: 김일기 외(2012: 260)

표 3-15 중학교 교육과정(2011)

교과명	학년별 주당 수업시간수[21]					
	1학년	2학년	3학년	4학년	5학년	6학년
위대한 수령 김일성 대원수님 혁명활동	1	1	1			
위대한 수령 김일성 대원수님 혁명력사				2	2	2
위대한 영도자 김정일 원수님 혁명활동	1	1	1			
위대한 영도자 김정일 원수님 혁명력사				2	2	2
항일 여성영웅 김정숙 어머님 혁명력사				1		
사회주의 도덕	1	1	1	1	1	1
현행 당정책				1주	1주	1주
국어	5	5	4			
문학				4	3	2
한문	2	2	1	1	1	1
외국어	4	3	3	3	3	3
력사	1	1	2	2	2	2
지리	2	2	2	2	2	
수학	7	7	6	6	6	6
물리		2	3	4	4	4
화학			2	3	3	4
생물		2	2	2	3	3
체육	2	2	2	1	1	1
음악	1	1	1	1	1	
미술	1	1	1			
제도				1	1	
컴퓨터				2	2	2
실습(남 · 녀)	1주	1주	1주	1주	1주	1주

출처: 김일기 외(2012: 261)

21 1~3학년 연간 50주, 4~6학년 연간 40주 수업.

표 3-16 교육법(1999)의 무료교육 내용

조항	주요 내용
제16조	모든 교육은 무료임 학부모로부터 입학, 수업, 실습, 견학, 답사와 관련한 요금은 받을 수 없음
제18조	학생들에게 식량을 공급하며, 학용품과 생활필수품은 저렴한 비용으로 보장함
제39조	해당기관, 기업소, 단체는 학교의 교사, 실험실, 실습기지의 건설과 보수를 보장함
제40조	해당기관, 기업소, 단체는 교육사업에 필요한 기자재, 실험설비, 교구비품을 생산 공급함
제41조	교육지도기관은 교과서, 참고서, 과외도서, 교육용 녹화테이프를 보장함
제42조	교육운수기관과 해당기관은 학생의 실습, 견학, 답사 조직을 우선적으로 보장함
제43조	지방정권과 해당기관은 교육기관에 필요한 기숙사, 식당, 진료소 같은 봉사시설을 보장함

출처: 김일기 외(2012)

교 과정에서도 한 주당 2시간씩, 그리고 고급중학교에서는 한 주당 1시간씩 배정되어 있다. 이는 북한의 학교과정에서 체육이 여전히 다른 예체능 과목에 비해 중요한 비중을 차지한다는 것을 의미한다.

고난의 행군 이후에 북한 정권은 경제난을 겪고 있음에도 불구하고, 여전히 주민들에게 무상교육을 실시하는 것을 원칙으로 하였다. 이미 북한 정권은 1975년부터 11년제 전반적 의무교육을 도입하였다. 1999년 북한의 교육법 중 무료교육 내용을 살펴보면 <표 3-16>과 같다.

이처럼 정권 차원에서 청소년들의 의무교육을 보장하고 있지만, 1994년 고난의 행군 이후에 의무교육은 제대로 실행되고 있지 않았음을 북한이탈주민의 면담을 통해 알 수 있다.

고난의 행군 이후 국가가 재정적으로 사실상 의무교육을 충분히 지원해 줄 만큼의 자금력이 없었기 때문에, 학교 지원뿐만 아니라 교사들의 봉급도 원활하게 지급되지 않았다. 학생들 또한 교사들의 봉급과 학교 운영에 필요한 부분에 대해 부담을 안고 있었다.

2010년에 교사들에게 한 30만 원이 되어야 했어요. 한 학급에 25명에서 40명인가 한 사람당 만 원 정도 … 얼마 안 되죠. 근데 사실은 그게 부담이라고 하면 또 부담이에요. 쌀 5키로니까(북한이탈주민 11 면담, 2013. 4. 26).

> 1990년대 초까지는 학생들 교복을 무료로 줬어. 그러다가 90년대 초반부터 교복값을 10% 내라, 20% 내라 했어. 김일성 사망 이후부터는 교복값을 50% 내라. 2000년도부터는 다 돈 내고 사라 이렇게 되었어요(북한이탈주민 1 면담, 2012. 9. 26).

> 고난의 행군 이전에는 학용품, 학습기제가 공급이 어느 정도 됐으니까 학생 부담이 적었지. 지금은 그걸 해결하기 위해서 학교에서는 학생들의 학용품은 학부모가 알아서 해야 하지 않느냐 하고, 실험실이나 기자제도 부족하죠(북한이탈주민 5 면담, 2012. 11. 17).

> 학교에서 처음에 들어갈 때는 몇 개씩 줬는데 부족하니 시장에서 사야죠. 장마당에서 구입을 해야 되는데 일반 것보다 비싸죠. 돈이 없으면 재고를 사는 거죠, 그런데 학습장에 연필로 글씨를 쓰면 찢어지고 질이 나쁘죠(북한이탈주민 7 면담, 2012. 11. 26).

그동안 당에서 무상으로 지급되었던 교복, 학용품, 책 등이 부족하게 지급되어, 학생들은 학습물품 등을 장마당에서 구입하는 등 경제적 부담은 과거에 비해 증가하였다. 이는 북한 정권이 내세우는 국가가 주민들에게 무상으로 제공하는 의무교육제도가 고난의 행군 이후 사실상 붕괴되었다는 사실을 알 수 있다.

4. 체육과 여가시설

북한은 정권 초기부터 체육정책을 집단주의적 사회주의 건설에 적합한 수단으로 인식하였다. 북한은 1946년 10월 6일 체육인대회에서 김일성의 "체

표 3-17 1956~1961년도 체육시설 현황

<table>
<tr><th>연도</th><th>경기장</th><th>운동장</th><th>롱구장</th><th>배구장</th><th>정구장</th><th>수영장</th><th>체육관</th><th>체육실</th></tr>
<tr><td>1956년</td><td>263</td><td>3,935</td><td>1,896</td><td>5,577</td><td>119</td><td>14</td><td>2</td><td>4</td></tr>
<tr><td>1958년</td><td>240</td><td>4,500</td><td colspan="2">10,000</td><td>-</td><td>13</td><td colspan="2">24</td></tr>
<tr><td>1959년</td><td colspan="2">4,937</td><td colspan="2">16,045</td><td>-</td><td>1,330</td><td colspan="2">182</td></tr>
<tr><td>1960년</td><td>71</td><td>4,233</td><td>-</td><td>-</td><td>-</td><td>1,377</td><td>8</td><td>183</td></tr>
<tr><td>1961년</td><td>86</td><td>4,188</td><td>-</td><td>-</td><td>-</td><td>148</td><td>8</td><td>152</td></tr>
</table>

출처: 조선중앙통신사(1956: 141; 1957: 118; 1958: 150; 1959: 228; 1960: 247; 1961: 231; 1962: 283), 조남훈(1992: 135~136), 홍성보(2011: 123)

육을 대중화하기 위하여"[22]라는 연설에서 나타난 것처럼 일찍부터 북한주민에게 체육활동을 보편화시키려고 많은 노력을 했던 것으로 보인다. 이에 따라 북한 정권은 일찍부터 북한주민의 체육과 여가활동을 위한 시설물 확보에 관심을 기울인 것으로 보인다. <표 3-17>은 1956년부터 1961년까지의 북한의 체육시설 현황이다.

표 3-18 1961~1964년도 체육시설 정비와 신설 현황

<table>
<tr><th>연도</th><th>경기장</th><th>운동장</th><th>체육관</th><th>체육시설</th><th>수영장</th><th>간이 수영장</th><th>스키장</th><th>그네장</th></tr>
<tr><td>1961년</td><td>86(정규)</td><td>4,188</td><td>8</td><td>253</td><td>28</td><td>120</td><td></td><td></td></tr>
<tr><td>1962년</td><td colspan="2">3,177(축구장), 4,600(롱구장)
3,608(배구장), 1,399(정구장)
3,647(탁구장), 6,035(씨름장)</td><td>14</td><td>121</td><td colspan="2">1,535</td><td>삼지연
스키장
신설</td><td></td></tr>
<tr><td>1963년</td><td colspan="2">170(정규)
3,286(축구장), 5,452(롱구장)
8,115(배구장), 2,172(정구장)
4,850(탁구장), 5,930(씨름장)</td><td>29</td><td>354</td><td></td><td></td><td></td><td></td></tr>
<tr><td>1964년</td><td colspan="2">555 (축구장), 2,255(롱구장)
5,632(배구장), 677(정구장)
4,004(탁구장), 2,534(씨름장)</td><td></td><td></td><td colspan="2">564개 신설</td><td></td><td>1,358개
신설</td></tr>
</table>

출처: 조선중앙통신사(1962: 282; 1963: 253; 1964: 223; 1965: 191), 홍성보(2011: 185)

22 3. 북한의 체육과 여가정책 1) 한국전쟁 이전, 60쪽 참조.

또한 북한도 다른 사회주의 국가처럼 체육과 관련된 장비들은 모두 당에서 관리하고 당의 정책이나 필요에 의해 주민들이나 운동선수, 학교에 배급하는 방식을 택하고 있었다. 일반적으로 북한주민이 여가활동을 할 수 있는 다양한 운동장비를 구입하기란 쉽지 않았음을 북한이탈주민의 면담에서 알 수 있다.

축구공이 평양에선가 만들다 보니까, 축구공, 농구공 그런 것은 우리 지역에서는 귀한 편이죠(북한이탈주민 9 면담, 2013. 1. 8).

북한이야 솔직히 저 힘 있는 놈이 끌어다 다 하잖아요. 공급이 없다 그러면 어떻게 할 바가 없어요. 그건 여기서처럼 돈을 내고 파는 게 아니고 간부들이 "그냥 여긴 100개 줘" 하면 50개 줄 것도 그냥 100개 줘야 되고. 그럼 그쪽도 단천에 공급해야 될 게 없어요(북한이탈주민 5 면담, 2012. 11. 17).

북한주민이 체육활동을 개인적인 여가활동으로 하기란 쉽지 않았다. 북한주민에게 여가활동으로 인기가 많은 탁구의 경우를 보면, 탁구시설과 탁구장비에 대한 보급이 북한주민의 기대에 미치지 못하였다. 단천지역의 경우 탁구대가 설치되어 있는 곳은 기업소나 학교, 구역회관 등으로 수요에 비해 적게 설치되어 있으며, 시설도 매우 열악한 편이었음을 북한이탈주민의 면담을 통해 알 수 있다.

공장회관에 탁구 시설을 만들어 놓은 데가 있으면 와서 치고. 학교 운동장에 시멘트로 만든 탁구판이 있었어요. 주일이면 가끔씩 성인들이 와서 탁구채와 탁구공을 가져와서 그물 치고 하더라고요(북한이탈주민 5 면담, 2012. 11. 17).

이처럼 대부분 학교나 기업소 등에 탁구대가 있으나 탁구시설이 없는 곳에서 근무하는 직업인들은 타 기업소나 학교에 가서 탁구를 쳐야 하는 불편함이 존재하기도 한다. 또 북한은 사회주의 국가이기 때문에 개인적으로 탁구채나 탁구공 구입이 어려워서 일반 단천지역 주민이 탁구를 보편적인 여가 활동으로 즐기기에는 한계가 있었다(나영일 외, 2013).

북한은 구역마다 문화회관을 설치하고 있다. 이곳은 우리나라의 마을회관과도 같은 곳으로 각종 문화행사를 시행하고 있다. 문화회관에서는 영화나 예술공연 등 북한주민의 문화공연을 관람할 뿐만 아니라 필요에 따라 각종 당의 행사나 강연 등을 실행하고 있다. 북한이탈주민의 면담을 통해 알아본 바에 의하면, 개인적 용무로 문화회관을 이용하는 경우는 드물고, 학교나 기업소 등이 단체 행사를 위해 사용하는 것으로 보인다.

구역마다 문화회관이 있어요(북한이탈주민 4 면담, 2012. 10. 19).

대체로 문화공간은 시 단위, 군 단위, 리 단위, 구 단위든 회관이 하나씩 다 있어요. 그 회관을 이용하는 건 거의 없고, 그 문화공간을 직장별로 우리가 신청하면 열어놔 줘요(북한이탈주민 10 면담, 2013. 1. 13).

문화회관이 있는데 그건 영화고, 예술공연 볼 때나 필요한데, 예술공연은 항상 하는 게 아니고, 꼭 김일성 명절 때마다 예술공연, 4.15 예술공연, 특별한 명절이 되면 10월 10일 노동당 창건일, 그때 되면 이제 하는 거죠(북한이탈주민 5 면담, 2012. 11. 17).

그리고 고난의 행군 이후 단천지역에서는 기업소, 공장, 주민, 운동선수 등의 각종 체육대회의 개최 장소였던 공설운동장이 주민대피소로 용도 변경되었다.[23]

경제가 어려워지면서 운동시설들이 없어지고, 단천시도 공설운동장을 시 주민

---

23 이 장은 나영일 외(2013), 「북한의 체육 및 여가활동의 변화에 관한 연구: 단천 지역을 중심으로」의 122쪽의 내용을 정리한 것이다.

대표(주민대피소, 방공호)를 파고 공사하면서부터 아예 다 망가졌어. 원형으로 돼 있었던 좌석의 중간을 파 놓으니깐. 전쟁준비를 한다고(북한이탈주민 1 면담, 2012. 9. 26).

이는 그동안 주민들의 단결을 위해 집단체육의 활성화를 추구하였던 북한 체육이 경제난으로 인해 변화를 겪고 있었음을 알 수 있다. 이러한 변화는 체육시설에서만 발생하는 현상은 아니다. 지속되는 경제난으로 인해 북한 행정기관들은 교육기능과 복지기능을 축소시켰으며(임도빈 · 안지호 · 신혜영, 2012) 각종 복지 시설들은 다음과 같이 용도 변경되거나 유료화되었다.

(고난의 행군으로) 힘들어지면서 도서관에서 다 돈을 내고 빌렸어. 그전엔 다 무료로 했거든(북한이탈주민 1 면담, 2012. 9. 26).

그전에는 탁아소는 국가에서 다 보장했었지. 개인들이 뭐 크게 부담하는 게 없었어요. 근데 고난의 행군이 시작되고 나서는 탁아소고 뭐고 그런 것들이 운영되지 못했지(북한이탈주민 2 면담, 2012. 10. 9).

체육시설 중 일부 시설은 개인이 운영하는 곳도 생겼다. 탁구장의 경우 과거에는 개인이 탁구채와 탁구공만 가져오면 시설을 무료로 이용할 수 있었으나 최근에 입국한 북한이탈주민에 의하면 탁구장 중에서 일부 시설은 유료로 전환되어 개인이 운영하는 곳도 존재한다고 하였다.

돈 내고 탁구 하는 데는 없어요, 근데 이제 노동자 회관도 탁구판이 있는 데는 탁구 치게 하고. 그런데 회관에 탁구판이 만들어진 건 많이 못 봤는데(북한이탈주민 5 면담, 2012. 11. 17).

우리 구역회관 같은 경우는 탁구를 개인이 운영한단 말입니다. 회관 측에다 건물세 이런 걸 하여튼 내고 한 번 치는데 시간당 얼마라는 게 있거든요. 저는 학생들 데리고 일요일에 애들 데리고 탁구장 가서 탁구도 치고. 쌀 1키로 값은 … 그때 제가 2,000원 정도 낸 것 같아요(북한이탈주민 4 면담, 2012. 10. 19).

구역문화회관은 국가에서 운영하지만, 구역문화회관에 설치된 탁구장은 개인이 운영하여 일정 부분의 수익을 가져가기도 한다. 이것은 운동시설 이용에도 주민들의 경제력이 작용하고 있음을 의미하는 것이다. 과거 당에서 단천지역 주민에게 운동시설을 무료로 제공하였을 때에는 신체활동에 관심이 있는 사람들은 누구나 운동시설을 이용할 수 있지만, 고난의 행군이 시작되고 일부 시설이 민영화되면서 주민들 가운데서도 경제력이 있는 사람만이 운동시설을 이용하게 되었다. 이러한 변화는 과거에 비해 단천지역 주민의 체육과 여가활동이 축소되었거나 경제활동과 깊은 연관을 가지게 되었다는 것을 알 수 있다.

1980년대 후반에 와서 북한은 외국인 관광객을 끌어들이기 위해 레저산업에 관심을 갖게 되었다. 북한은 과거 볼링, 골프, 수상스키 등을 자본주의적이고 퇴폐적인 스포츠라며 비난했었으나, 북한 당국 고위층의 잦은 해외 출장 등으로 서방 스포츠와 접촉이 늘어나면서 레저스포츠를 수용하게 된 것으로 알려져 있다. 북한은 1980년대 후반과 1990년대 들어서면서 골프장, 볼링장, 종합레저 스포츠타운인 낙원관을 건설하는 등 레저산업을 추진하고 있다(김수인, 2006).

북한은 1987년 김일성의 75회 생일을 기념해 재일 조총련과의 합작으로 착공에 들어가 1년 만인 1988년 9월 평양 골프장을 개장했다. 평양 골프장은 북한 유일의 골프장으로 남포시 용강군과 대안구역 사이의 태성호 북쪽 기슭에 위치하고 있다(김수인, 2006). 1994년 2월에 김일성이 참석한 가운데 평양시 문수동에 볼링장을 개관했다. 40레인을 갖춘 평양 보링관(Pyongyang Gold Lane)은 조총련동포의 자금지원으로 건설되었으며, 주로 고위층과 북송동포 자녀 및 외국인들이 이용하였다. 1995년 2월 개관 1주년 때 제1차 볼

링대회가 열렸으며 아마추어 동호인대회도 종종 열렸다.

김흥태 · 김영란 · 윤정선(2014)이 중앙통신을 통해 입수한 자료에 의하면 지난 2012년 11월 14일 평양 시내 곳곳에 롤러스케이트장, 배구장, 농구장, 배드민턴장 등을 갖춘 체육공원이 세워지고 있는 등 북한 내 체육시설이 지속적으로 신설되거나 리모델링되고 있다고 하였다. 또한 김정은 제1위원장의 지시로 기마중대 훈련장이 근로자와 청소년의 체력단련을 위한 승마장으로 변했고, 군대시설을 체육시설로 바꾸는 사례까지 등장하였다고 한다.

북한은 동계스포츠 시설의 확충에도 큰 노력을 기울였다.[24] 북한의 동계스포츠 관련 주요 시설로는 평양의 평양 빙상관(1982년 개관, 6,000명 수용)과 기관차선수단 빙상 훈련관(1984년 개관, 3,340명 수용), 속도 빙상관(1995년 개관)이 있으며, 지방에는 만포 빙상관, 삼지연 빙상장(6,000명 수용), 삼지연 스키장(1962년 개장, 슬로프 54km) 등이 있으며, 이와 함께 베개봉 및 북포태산 스키장과 최근 개장된 마식령 스키장이 있다. 이와 같은 북한의 동계스포츠 관련 주요 시설은 다음과 같다(김흥태 · 김영란 · 이경미, 2013).

• 평양 빙상관

평양 빙상관은 평양 보통강 기슭에 자리한 높이 63.5m의 독특한 원추형 아이스링크로 1981년 12월 6일 완공되어 1982년 4월 7일 개장한 북한 최대의 실내 아이스링크이다. 이는 3층 규모로 6,000명의 수용인원을 자랑하고 있다. 평양 빙상관은 당시 남한의 동대문 실내스케이트장의 3배 규모로, 여기에서는 스피드스케이팅, 아이스하키, 피겨스케이팅 등의 경기가 가능하며, 빙상관련 경기 이외에 필요 시 배구, 농구, 정구, 탁구 등 경기장으로의 활용이 가능하며, 8개의 휴게실을 비롯하여 훈련장, 목욕탕, 한증탕 등의 시설이 구비되었다. 최근 2012년 11월에 동평양지구 대동강 기슭에 위치한 주민 편

24 동계스포츠 시설에 관한 정보는 김흥태 · 김영란 · 이경미(2013)의 연구인 「북한 동계스포츠 현황과 특성 고찰」에 잘 나타나 있다.

의시설로 연건축 면적이 6,469m^{2}인 인민 야외 빙상장이 완공됐다.

평양 빙상관 이외에 1984년 완공된 연건평 12,000m^{2}에 3,340명을 수용하는 기관차선수단 빙상 훈련관과 1994년 완공된 연건평 45,000m^{2}의 평양속도 빙상관을 비롯해 1995년 완공된 경기장 면적 33,000m^{2}에 6,000명을 수용하는 삼지연 빙상장 등의 주요 시설이 있다. 특히 삼지연 빙상장은 해발 2,000m의 고원에 위치하고 있는 천혜의 경기장으로 실외 인공 링크가 5개, 아이스하키와 피겨 스케이팅, 쇼트트랙 경기를 치를 수 있는 실내 링크가 4개, 그리고 스키장이 있다. 삼지연 빙상장은 1982년 2월에 준공되었으며 길이 300m, 너비 110m 규모에 50동의 선수촌으로 구성되어 있다. 1982년 2월 19일부터 24일까지 김정일의 생일을 기념해 사회주의 국가 청소년빙상대회를 개최하는 등 국제대회가 개최된 바 있다.

• 삼지연 스키장

북한의 대표적 스키장인 삼지연 스키장은 1962년에 기존의 삼지연 스키장을 총연장 54km 규모로 확장한 것이다. 북한의 삼지연군은 지정학적으로 평탄한 고원지대가 전개되며, 그 일대는 적설량이 많고 적설 기간이 길어 스키장으로 최적의 입지환경을 보이고 있다. 해발 1,500~2,000m의 고도에 위치한 삼지연 스키장은 면적 4,420km^2, 평균 높이 1,370m, 슬로프 54km, 활강코스 1km의 규모와 13개의 코스 및 60개의 케이블 탑 등과 각종 편의시설과 숙박시설이 갖추어져 있다.

북한은 양강도 삼지연군의 백두산지구 베개봉 기슭에 총면적 248,000m^2 규모로 2002년 6월 21일 착공된 백두산종합체육기지(백두산지구체육촌)를 조성하여 동계스포츠의 중심 역할을 하고 있다. 백두산 체육기지는 평균해발 1,300m의 고원지대로서 동계체육시설, 입지조건이 양호한 지역이다. 여기에는 스키장을 비롯해 빙상장, 농구, 배구 등의 훈련관과 함께 체육인 숙소, 휴게실 등이 조성된 것으로 알려지고 있다.

북한에는 삼지연 스키장 이외에 '북포태산 스키장'과 '베개봉 스키장' 등의 스키장이 존재하는 것으로 알려지고 있다. 이들 3개의 스키장은 모두 백두산 근처 삼지연군에 위치하며, 주로 훈련용으로 활용되고 있다. 북포태산 스키장은 김정일 시대 조선인민군 국방위원장을 위한 호위사령부 훈련용 비공개 스키장으로 호위총국 이하 백두산여단에서 관리하며, 베개봉 스키장 역시 교도지도국 등 게릴라부대의 훈련용 스키장으로 활용되고 있다.

2013년 12월 31일에 완공하고, 2014년 1월 1일에 북한 김정은의 지시로 강원도 원산 근처에 위치한 마식령 스키장을 개장하였다. 마식령 스키장은 해발 768m 마식령에 위치하며 보통 11월에서 3월까지 많은 적설량을 가지며, 원산과 평양 등을 잇는 고속도로가 연결된 곳이다. 이와 같은 마식령 스키장은 14,000km^2 면적에 6개의 슬로프, 최대길이 110km, 40~120m의 폭으로 초·중·고급 코스 등이 조성되었고, 호텔 등 각종 부대시설도 구비되었다.

제4장

북한의 체육과 여가활동

1. 북한의 체육활동

북한의 스포츠 경기 중에서 가장 높은 인기를 차지하고 있는 종목은 축구이다. 남자축구는 물론 여자축구 역시 높은 인기를 얻고 있다. 특히 여자축구는 국제무대에 나가 여러 번 우승을 거둔, 아시아의 최강팀이기에 더욱 관심과 호응이 높다. 그다음은 농구로 축구시즌이 끝난 겨울에 주로 즐기는 스포츠이다. 그리고 탁구, 권투, 레슬링이 인기종목이다(평화문제연구소, 2013).

1) 체육대회

(1) 국내 체육대회

북한은 주요행사나 계기마다 크고 작은 대회를 개최하고 있다. 체육대회는 주로 명칭이 정형화되어 비슷비슷하다. 가장 권위 있는 대회로는 김일성, 김정일, 김정숙의 출생지에서 각각 명칭을 빌린 '만경대상체육경기대회', '백두산상체육경기대회', '오산덕상체육경기대회'이다.

이 외에 비교적 규모가 크고 권위 있는 체육경기대회로는 전국선수권대회인 '공화국선수권대회', 우리의 전국체전에 해당하는 '인민체육대회', 김일성의 항일유격대 활동 중 보천보에서 승리한 것을 기념하기 위한 '보천보홰불상체육대회', '조선로동당창건기념체육종목별선수권대회' 등이 있다.

• 만경대상체육경기대회

만경대상체육경기대회는 북한이 1960년대 후반 김일성 유일체제가 확립되면서 김일성의 혁명사상으로 체육인을 무장시키고자 하는 목적으로 창설된 경기대회이다. 제1회 대회는 1969년 김일성의 57회 생일을 기념하여 개최되었다. 이 대회에는 전국의 시・도 대표 선수단이 출전하며, 1977년부터는 재일 조총련 선수단까지 참가하였다. 이 대회는 한때 최대 60여 종목이었고, 대회기간도 한 달이 넘는 북한에서 가장 중요시하는 종합경기대회이다. 경기종목은 육상, 구기종목과 함께 국방체육 종목과 아이스하키, 피겨, 쇼트트랙, 스피드스케이팅 등 실내 겨울철 종목도 추가되었다. 아울러 제1회 대회는 '만경대컵'이라고 명명되었다가, 김일성의 60회 생일인 1972년부터 '전국체육축전'이라는 명칭으로 개최되었다. 만경대상체육경기대회는 김정일의 생일을 기념하여 개최되는 백두산상체육경기대회와 함께 북한에서 필수적으로 개최되는 중요한 경기대회이다(김홍태・김영란・이경미, 2013).

• 백두산상체육경기대회

백두산상체육경기대회는 김정일 후계체제가 구축되면서 1977년 2월 김정일의 35회 생일을 기념하는 경기대회로 시작되었다. 이전과는 달리 1986년 대회부터는 김정일의 주체체육에 대한 본격적인 찬사가 부각되기 시작했으며, 개최시기가 겨울철인 만큼 하계종목 외에 스케이팅이나 아이스하키 등 겨울스포츠 종목 경기도 시행되었다. 북한은 지난 2013년 2월 김정일위원장의 생일인 광명성절을 기념하는 제22회 백두산상국제 피겨축전(2. 15~17)을 개최한 바 있다. 이 대회 역시 만경대상체육대회와 같이 각 시・도 체육선수단이 참가하여 김정일이 제시한 체육의 전문화 방침을 구현하는 데 목표를 두고 있다. 동계종목, 구기, 투기, 국방체육, 수영, 역도 등 거의 전 종목에 걸쳐

약 1개월간 평양과 지방에서 실시된다(김흥태 · 김영란 · 이경미, 2013).

• 오산덕상체육경기대회

오산덕상체육경기대회는 1997년 12월 김정일의 생모 김정숙의 출생 80주년 때 신설됐으며, 제1회 대회에서는 평양과 지방에서 10여 개 종목의 경기를 치렀다. 이 대회로 북한은 이른바 백두산 3대 장군으로 선전하는 김일성(만경대상체육경기대회) · 김정일(백두산상체육경기대회) · 김정숙(오산덕상체육경기대회)의 우상화 기념 체육경기대회가 완편되었다. 대회기간은 1주일 정도이며, 대회가 겨울에 열리기 때문에 주로 농구, 배구, 탁구 등 실내 구기 종목과 피겨, 스피드스케이팅, 아이스하키, 스키와 같은 동계종목 위주로 하여 각 도 선수단이 참가하여 시행되고 있다(김흥태 · 김영란 · 이경미, 2013).

• 공화국선수권대회

일명 전국선수권대회라고 볼 수 있는 공화국선수권대회는 1949년 10월 제1회 체육절 기념행사 차원에서 전국선수권대회라는 명칭으로 개최되었다. 대회명칭은 초기에 체육절기념대회, 인민공화국체육종목별선수권대회, 체육종목별공화국선수권대회 등으로 개최되어 오다가 1972년부터 공화국종목별체육선수권대회로, 1980년대 중반에 종목별공화국선수권대회로, 다시 1990년대에 공화국선수권대회로 그 명칭이 일원화되었다. 동계대회는 1981년부터 개최되었으며, 그해 1월 12일부터 3월 5일까지 부전, 종성, 삼지연 등지에서 열린 첫 대회에는 300여 명이 참가한 바 있다(김흥태 · 김영란 · 이경미, 2013).

• 인민체육대회

인민체육대회는 1960년부터 개최된 '조선민주주의인민공화국 인민체육대회'를 말한다. 이 대회는 남한의 전국체육대회와 같은 성격의 대회이다. 대회진행은 도(道) 대항 경기와 전문선수단 경기로 나누어 진행되며, 초기에는 5년에 두 차례 개최 예정이었지만, 1963년 대회 이후 5년마다 한 차례씩 개최되고 있다. 동계대회는 하계대회가 끝나고, 그 이듬해인 1961년 2월 스키경기 위주로 진행되었다가, 제4회 대회부터 종목이 확대되었으며, 체육구락부 간 경기와 도 대항 경기, 전문선수단 경기로 나누어 진행되었다(김흥태 · 김영란 · 이경미, 2013).

• 보천보홰불상체육경기대회[1]

보천보홰불상체육경기대회는 1937년 김일성의 항일유격대 활동 중 보천보(혜산) 지역에서의 승리를 기념하고, 전체 체육인들을 혁명전통으로 무장시키고자 하는 목적으로 개최되었다. 보천보 승리 기념일인 6월 4일에 즈음하여 개최되었는데 1965~1966년에는 인민군 창설일인 2월 8일, 항일유격대 창건일인 4월 25일에 국방체육대회를 개최하기로 결정하면서 시작되었다. 1969년까지 '보천보홰불상쟁탈경기대회'라 명명했다가 1970년대부터 '보천보홰불상체육경기대회'라는 현재의 명칭으로 개최되었다. 1980년대부터는 체조, 씨름 등은 물론 피겨, 아이스하키 등 겨울철 종목까지 추가되었으며, 최근에는 국방체육 종목이 제외되고 축구 등 구기종목과 유도, 레슬링, 역도, 육상, 수영, 마라톤, 체조 등의 경기종목 위주로 진행되고 있다(김흥태 · 김영란 · 이경미, 2013).

그리고 북한은 전문 선수뿐만 아니라 단위별로 체육경기가 수시로 열리고, 산책 공원에는 롤러스케이트장, 배구장, 농구장, 배드민턴장 등이 들어서면서 일반 주민들이 스포츠를 생활화할 수 있는 체육공원으로 탈바꿈하고 있다. 또 새로운 종목 역시 육성 중이다. 대표적으로 야구가 북한에서도 선을 보이기 시작하여 야구 활성화의 조짐이 보이고 있다.

---

1 보천보(普天堡)홰불(횃불)상체육경기대회: 우리나라에서는 횃불이라고 쓰지만 북한에서는 '홰불'이라고 쓴다.

• 축구

축구의 경우, 성인 축구팀이 '4·25 체육단',[2] '평양시팀', '압록강팀' 등 120여 개가 되며 이들은 1~3급으로 나뉘어 연간 40게임 정도를 치른다. 일반 대중적인 팀까지 포함하면 2,000여 개에 달하는 것으로 알려졌고 여자축구팀도 평양에만 6개나 된다. 2월에 열리는 기술혁신대회를 시즌 오프로 하는 유럽식의 연중 풀리그전으로 운영되는데, 현재 1급은 15개 팀이며, 2급은 40개, 3급은 80개 팀이 있다. 이들은 급별 리그전으로 경기를 하는데, 기술혁신대회만 토너먼트로 진행되고 4월부터는 페넌트레이스로 패권을 가리는 선수권대회가 시작된다. 이와 병행하여 만경대상경기대회가 벌어진다. 연중 풀리그는 매년 11월에 끝나는데, 우승팀에게는 축구협회장컵이 수여되며 태국 킹스컵대회 출전권이 주어진다.

북한은 1986년 5월 여자축구팀을 창설해 1989년 12월 제7회 아시아여자축구선구권대회에 최초로 참가하여 예선에서 탈락했으나 이후 급성장세를 보였다. 제9회 아시아여자축구선수권대회 준우승, 제11회 아시아여자축구선구권대회 준우승, 13차 방콕아시안게임 준우승, 부산아시안게임에서 우승을 차지하였고 제12, 13차 아시아여자축구선수권대회에서 연속 우승하였다. 현재 북한에는 일반, 대학팀 20여 개와 중학교팀 50여 개가 운영되고 있으며 각종 국내 체육대회에서 여자축구를 채택해 우수 선수들을 양성하고 있다. 국가대표 선발은 각 시·도 체육선수단과 군, 행정기관, 학교 소속의 체육선수단 중 우수선수들을 발탁하여 국가종합 체육단에서 체계적으로 훈련을 시키고 있다(김수인, 2006).

• 농구

농구는 1980년대 말 김정일 국방위원장의 지시로 정책적으로 육성, 발전되었

---

2 4·25 체육단은 평양에 연고를 둔 축구팀이다. 명칭은 조선인민군 창건일인 4월 25일에서 유래하였으며, 체육단은 인민무력부 소속으로 북한에서 최고의 명문 체육단으로 우리나라의 상무팀과 유사하다.

다. 1996년 김정일의 친필 지시로 북한 전역에 농구 붐이 일어, 각급 학교에서 키 크기 운동으로 농구를 장려하는 것은 물론, 일반 기업 및 회사에도 각종 농구 동호회가 조직되었다. 북한의 남자농구팀 '벼락'과 여자농구팀 '회오리'는 1999년 9월과 12월에 평양과 서울에서 열린 '통일농구대회'에 참가하여 우리의 현대 남녀 농구팀과 경기를 벌이기도 했다(김수인, 2006).

• 탁구

탁구는 북한이 아시아권에서 전통적으로 강세를 보이고 있다. 1991년 북한팀은 남한팀과 함께 일본의 지바에서 열린 제41회 세계탁구선수권대회에서 단일팀으로 출전하여 여자대표팀이 세계 최강 중국을 물리치고 우승하였다. 2001년 4월 일본에서 열린 제46회 세계탁구선수권대회 여자 단식에서 19세 김윤미가 세계 2위인 중국 리주 선수를 물리치고 동메달을 따내는 등 세계 정상권을 넘보고 있다. 또한 1981년 8월 '평양국제탁구초청경기'라는 국제대회를 창설하여 해마다 개최하였다. 그러나 이 대회는 1992년 경제난으로 중단됐다가 1999년부터 재개됐다. 이 대회에는 중국을 비롯해 인도네시아, 파키스탄 등 6~8개국이 초청되는데, 1999년 이후엔 일본과 캐나다도 참가하고 있다. 2000년 7월에는 삼성생명 남녀 탁구선수단이 평양에서 열린 '남북통일탁구대회'에 출전하는 등, 탁구는 축구와 함께 남북 교류가 활발하다(김수인, 2006).

• 권투

권투는 국방체육에서 강조하는 종목으로 전투훈련에서도 다뤄 일반인들에게 친숙한 편이다. 중등부와 일반부로 나누어 권투선수를 양성하고 있는데, 대학생이 주축인 일반부는 15개 정도의 구락부가 있고, 한 구락부당 20~30명의 선수가 있다. 국가대표선발전은 따로 없으며 1년에 3~4회 공식 전국대회의 우승자와 준우승자 중에서 권투협회의 권한으로 선발한다(김수인, 2006). 현재 아시아 정상권에 있는 북한의 권투는 인민체육인인 구영조 선수 때문이라고도 볼 수 있다. 구영조는 1976년 몬트리올올림픽에서 금메달을 딴 북한의 영웅이다. 1980년대 사회안전부 산하 압록강 체육선수단 소속으로 활약한 구영조 선수는 대회마다 KO승으로 상대를 제압하여 주민들을 열광시켰다(평화문제연구소, 2013).

• 배구

배구는 정책종목으로 집중 육성하고 있다. 현재 각 시, 도, 군에는 배구 구락부가 90여 개소가 있으며 일반팀도 평양시 체육선수단을 비롯해 26개에 달한다. 이들 팀은 지역별로 A조(12개팀), B조(14개)로 구성, 매년 2월과 4, 6, 10월에 대회를 하고 챔피언을 가린다(김수인, 2006).

• 야구

야구는 미국과 일본의 영향을 받은 남한과 달리 별로 활동이 없어 보인다. 대한야구협회는 남북교류를 위해 조총련을 통해 북한야구협회와 연락을 취하고 있으나 협회의 존재조차 불투명할 정도로 활동성이 알려지지 않고 있다. 북한 야구는 아시아연맹에 가입되어 있으나 1993년 아시아선수권대회에 단 한 번 모습을 드러낸 이후 전혀 대회 참가를 하지 않고 있다(김수인, 2006).

(2) 민간 체육대회

북한주민은 주기적으로 체육대회에 참여하고 있다.[3] 북한은 정권 초기부터 주민들에게 집단적 체육대회 참여를 장려하였다. 북한의 체육활동은 '하나는 전체를 위하여, 전체는 하나를 위하여'라는 집단주의 원칙에 기초하고 있다. 북한에서 집단체육은 모든 인민에게 단결심과 복종을 심어 주고 국가에 대한

---

3 이 항은 「북한의 체육 및 여가활동의 변화에 관한 연구: 단천 지역을 중심으로」(나영일 외, 2013: 118~119) 내용을 정리한 것이다.

충성심을 배양시키는 데 효과적인 정책수단으로 사용되고 있었다(성문정, 2008). 따라서 북한주민에게 있어 체육활동은 정치활동과 마찬가지로 집단적으로 참여하는 중요 행사 중의 하나로 사회주의 체제를 확고히 하는 수단으로 활용되고 있었다.

일반 주민들을 대상으로 한 집단체육활동의 대표적인 것이 직장인 체육대회이다. 직장인 체육대회는 기업소, 공장, 지역 협동농장 등 여러 노동기관의 노동자들이 연합하여 개최되기 때문에 지역의 큰 행사 가운데 하나이다.

단천지역에 거주하는 노동자들은 노동절(5월 1일)이나 북한 정권 창건일(9월 9일), 조국 해방의 날(8월 15일) 등에 직장단체가 연합하여 직장인 체육대회를 조직하였다. 직장인 체육대회는 참여 기관이 많아 체육대회 준비기간을 비롯하여 각종 경기 예선전까지 포함하여 한 달에서 두 달 가까이 소요된다.

> (직장인 체육대회)그거는 어느 때 하는가 하면은 주로 구구절, 북한에서는 공화국 창건 기념일이야. 예선은 한두 달 전부터 시작을 하지. 이게 국가적으로 그 전(1990년대 고난의 행군 이전)에는 많이 했는데, 지금은 … 체육대회도 하고, 공장 기업소 단위로 모여서 일 잘하는 사람들 수상식도 하고 그렇게 했어. 그러던 게 … (북한이탈주민 1 면담, 2012. 9. 26)

직장인 체육대회는 일반인을 대상으로 한 집단체육의 대표적인 행사이며, 북한주민이 즐기는 여가활동 중의 하나였다. 체육을 통해 신체를 다방면으로 발전시키며 집단주의 정신과 혁명적 동지애, 굳센 의지, 규율 준수에 대한 자각과 책임감 등 고상한 사상과 도덕적 품성을 배양함으로써 국방력을 강화하고 사회주의 및 공산주의 건설을 성과적으로 수행하는 데 이바지하는 사회주의 인간형으로 교육하는 것이다. 이러한 측면에서 직장인 체육대회는 일반주민들을 대상으로 실시하는 정치교육의 장이었다. 직장인 체육대회에는 그 지역의 직장인들이 대부분 참여하기 때문에 다양한 운동 종목들이 포함된다.

그러나 기업소, 협동조합의 규모가 크기 때문에 성공적인 대회 진행을 위해 공장이나 기업소 간에 사전 조율을 통해 참가종목을 조정하였다.

> 장에서는 이게 다 고정돼 있지. 체육지도위원회에서 미리 운동 종목을 정해 주지. 너네는 뭐 축구할 선수 없다니까 다른 종목으로 출전하고, 우리는 여자 농구밖에 나갈 게 없다. 이렇게 다 돼 있어요(북한이탈주민1 면담, 2012. 9. 26).

직장인 체육대회에는 농구, 배구, 탁구, 축구, 육상, 줄다리기 등 여러 종목이 많은데, 이 가운데 축구는 다른 종목에 비해 일반인보다 전문 선수들의 참여가 많았다. 주로 규모가 큰 1급 기업소는 전문 축구선수들을 출전시키는데 이는 우리나라의 실업팀에 해당된다고 할 수 있다.

> 큰 단위의 1급 기업소, 마그네사 연합기업소에는 운동만 하는 사람들이 있어요. 1급 기업소에서는 다른 건 몰라도 축구 같은 거는 1년 12달 애들은 공만 차고 있어요. 야들은 1년에도 몇 번 자기네 연합팀이 연습하거든(북한이탈주민1 면담, 2012. 9. 26).

이 축구선수들은 주로 단위가 큰 1급 기업소에 고용되어 있으며, 전부 아마추어 선수들이다. 우리나라 프로 선수들과 달리 기업소 축구 선수들은 직장인들 가운데 공을 잘 차는 사람들을 선발하거나 기업소에 입사할 때 특기가 축구인 사람들을 모아서 축구연습을 시키는 것이다. 그래서 이들 축구선수 역시 직장인이며, 배급[4] 또한 일반 직장인들과 마찬가지로 받는다. 기업소 축구선수들은 직장인 체육대회뿐만 아니라 지역에서 연합으로 시행되는 경기에도 출전하지만 이들 역시 기업소에 속한 노동자 신분인 것이다.

---

4 기업소의 선수들의 배급은 두 부류로 나뉜다. 기업소 규모에 따라 선수들은 1년 내내 운동 연습과 시합에만 참여하는 경우가 있고, 1년 중에 경기가 많은 6개월만 운동을 하고 나머지 기간은 다른 노동자들처럼 노동을 하는 경우가 있다.

직장인 체육대회가 추구하는 것 중의 하나는 다른 직장인들과의 교류이다. 8월 15일 조국해방의 날에는 기업, 공장 간의 교류뿐만 아니라 도시와 농촌 간의 교류도 추진되었다.

> 8월 15일에는 다른 체육대회와 차원이 다른 것이 교류차원에서 결승에는 농장팀과 공장팀을 붙여 놓기도 했어. 그런데 구구절, 국경절에는 시골은 빼 놓고 시내에 있는 회사끼리만 체육대회를 했어(북한이탈주민 1 면담, 2012. 9. 26).

단천지역의 경우 조국해방의 날에 개최되는 체육대회에서 농촌과 도시 간의 교류를 도모할 목적으로 결승전에 도시 대표팀과 농촌 대표팀이 진출하였다. 이처럼 직장인 체육대회는 단천지역뿐만 아니라 다른 지역에서도 지역의 대표적인 행사로 국가에서 장려되었다. 직장인 체육대회는 북한 노동자들이 집단적으로 체육과 여가활동을 함께하여 집단의 단결과 당의 이념 또는 사상을 자연스럽게 받아들일 수 있는 사회적 공간이었다.

(3) 국제 체육대회

북한에서 개최하는 주요 국제경기대회에는 국제친선예술체조경기대회, 만경대상국제마라톤대회, 평양국제초청탁구경기대회, 백두산상국제피겨대회 등이 있다(김수인, 2006). 북한은 폐쇄적인 공산국가답게 국제종합대회 참가가 매우 늦었다.

북한은 1972년 뮌헨올림픽에 처음 출전하여 이호준 선수가 사격에서 금메달을 획득하였다. 우리나라의 양정모 선수보다 먼저 금메달을 땄다. 그리고 복싱에서 김우길이 은메달을 획득하고, 레슬링에서 김광형, 유도에서 김용익이 각각 동메달을 획득하는 등 남한을 압도하였다(나영일 외, 2013). 1992년 바르셀로나올림픽에서는 일약 금메달 4개를 획득하는 성과를 얻었다. 하지만 전반적으로는 부진한 편이다. <표 4-1>과 같이 그동안 총 12개의 금메달과 은메달 10개, 동메달 16개를 획득하는 데 그쳤다. 2004년 아테네올림픽에서

표 4-1 하계올림픽 북한 메달 획득 현황

대회명	금메달	은메달	동메달	계
20회 1972 뮌헨올림픽	1	1	3	5
21회 1976 몬트리올올림픽	1	1	0	2
22회 1980 모스크바올림픽	0	3	2	5
23회 1984 LA올림픽	0	0	0	0
24회 1988 서울올림픽	0	0	0	0
25회 1992 바르셀로나올림픽	4	0	5	9
26회 1996 애틀랜타올림픽	0	0	0	0
27회 2000 시드니올림픽	0	0	0	0
28회 2004 아테네올림픽	0	4	1	5
29회 2008 베이징올림픽	2	1	3	6
30회 2012 런던올림픽	4	0	2	6
총계	12	10	16	38

출처: 대한체육회(http://www.sports.or.kr/, 2014. 8. 5 검색)

는 금메달 없이 은메달 4개로 종합 58위에 그쳤다. 다시 2008년 베이징올림픽에서는 금메달 2개로 종합 33위를 하였다. 2012년 런던올림픽에서는 금메달 4개, 동메달 2개로 종합 20위를 하였다. 북한은 런던올림픽 장애인대회에 처음으로 참가하여 수영선수 1명과 임원 230명이 배우는 자세로 임하였다. 아시안게임에 첫선을 보인 것은 1974년 테헤란아시안게임으로 금메달 15개를 획득하며 스포츠 강국으로 주목을 받았으며, 1978년 방콕아시안게임에서도 금메달 15개, 1982년 뉴델리아시안게임에서는 역대 가장 좋은 실적인 금메달 17개를 획득했다(김수인, 2006). 하계아시안게임 메달 획득 결과는 <표 4-2>와 같다.

북한의 동계스포츠 관련 국제대회 참가의 효시는 1963년 일본세계빙상선수권대회이다. 이 대회에서 북한은 여자 스피드스케이팅 1,500m에서 9위를 차지하였다. 또한 1965년 핀란드세계여자빙상선수권대회에서 종합 2위를, 이어 1966년 노르웨이세계여자빙상선수권대회에서 김송순 선수가 달성한

표 4-2 하계아시안게임 북한 메달 획득 현황

대회명	금메달	은메달	동메달	계
7회 1974 테헤란아시안게임	15	14	17	46
8회 1978 방콕아시안게임	15	13	15	43
9회 1982 뉴델리아시안게임	17	19	20	56
10회 1986 서울아시안게임	0	0	0	0
11회 1990 베이징아시안게임	12	31	39	82
12회 1994 히로시마아시안게임	0	0	0	0
13회 1998 방콕아시안게임	7	14	12	33
14회 2002 부산아시안게임	9	11	13	33
15회 2006 도하아시안게임	6	9	16	31
16회 2010 광저우아시안게임	6	10	20	36
17회 2014 인천아시안게임	11	11	14	36
총계	98	132	166	396

출처: 대한체육회(http://www.sports.or.kr/, 2014. 12. 5 검색)

1,500m 1위, 1,000m 2위, 3,000m 3위, 500m 4위의 성적을 바탕으로 종합 성적 2위를 차지한 바 있다(김홍태 · 김영란 · 이경미, 2013).

북한의 동계올림픽 참가는 1964년 제9회 인스브루크동계올림픽(1. 29~2. 9)이 처음이었다. 이 올림픽에 북한은 임원 17명, 기자 2명, 선수 20명 등 39명의 선수단이 참가하여, 한필화가 여자 스피드스케이팅 3,000m에서 은메달을 획득하였다. 1971년 16개국이 참가했던 일본 삿포로프레동계올림픽(2. 7~13)에서는 한필화 선수가 여자 스피드스케이팅 3,000m에서 2위, 1,500m에서 3위를 했고, 탁인수 선수가 여자 스피드스케이팅 1,000m에서 4위, 500m에서 8위를 기록했다. 하지만 정작 1972년 제11회 일본 삿포로동계올림픽(2. 3~13)에서는 임원 8명, 선수 7명을 파견했으나 메달 획득에는 실패하였다. 1980년 레이크플레시드동계올림픽은 사상 최초로 미국에서 개최된다는 점에서 관심을 끌었으나, 북한은 대표단만을 파견했다. 1984년 사라예보동계올림픽, 1988년 캘거리동계올림픽에 참가했으나 메달 획득에는

표 4-3 동계올림픽 북한 메달 획득 현황

대회명	금메달	은메달	동메달	계
1964년 제9회 인스브루크동계올림픽	0	1	0	1
1968년 제10회 그르노블동계올림픽(불참)	-	-	-	-
1972년 제11회 삿포로동계올림픽	0	0	0	0
1976년 제12회 인스부르크동계올림픽(불참)	-	-	-	-
1980년 제13회 레이크플래시드동계올림픽(불참)	-	-	-	-
1984년 제14회 사라예보동계올림픽	0	0	0	0
1988년 제15회 캘거리동계올림픽	0	0	0	0
1992년 제16회 알베르빌동계올림픽	0	0	1	1
1994년 제17회 릴레함메르동계올림픽(불참)	-	-	-	-
1998년 제18회 나가노동계올림픽	0	0	0	0
2002년 제19회 솔트레이크시티올림픽(불참)	-	-	-	-
2006년 제20회 토리노동계올림픽	0	0	0	0
2010년 제21회 밴쿠버동계올림픽	0	0	0	0
2014년 제22회 소치동계올림픽(불참)	-	-	-	-
총계	0	1	1	2

출처: 대한체육회(http://www.sports.kr/, 2014. 8. 5 검색)의 내용 재구성.

실패했다.

1992년 프랑스 알베르빌동계올림픽에는 스키와 스케이팅 2종목에 임원 12명과 선수 23명 등 35명의 선수단을 파견하여 쇼트트랙 500m에서 황옥실이 동메달을 획득하였다. 이후 1994년 노르웨이 릴레함메르동계올림픽에는 불참하였고, 1998년 일본 나가노동계올림픽에 와일드 카드(wild card)로 쇼트트랙과 스피드스케이팅의 7개 세부 종목에 10명의 선수를 출전시켰으나 메달 획득에는 실패하였다.

이어 2002년 미국 솔트레이크시티동계올림픽에도 불참했으며, 2006년 이탈리아 토리노동계올림픽에는 쇼트트랙과 피겨스케이팅에 7명의 선수를 출전시켰으나 메달획득에 실패하였다. 최근 2010년 밴쿠버동계올림픽 역시

2명의 선수를 출전시켰으며, 여자 스피드스케이트 500m와 1,000m에서 고현숙 선수가 각각 9위와 13위를 차지한 바 있으며, 피겨스케이팅 남자 싱글 리성철 선수가 참가하여 쇼트프로그램 25위를 한 바 있다(김홍태 · 김영란 · 이경미, 2013).

이처럼 북한은 1964년 제9회 오스트리아 인스브루크동계올림픽에 처음 출전하여 2010년 제21회 캐나다 밴쿠버동계올림픽까지 13차례의 동계올림픽이 개최되는 동안 금메달 없이 은메달과 동메달 각각 1개씩을 획득하였다.

북한은 1986년 제1회 일본 삿포로동계아시안게임에 출전하여 여자 1,000m 경기에서 0.4초 차이로 한춘옥이 은메달을 획득하였으며, 피겨 듀엣 부문에서 15세의 남혜영과 11세의 김혁이 예상 외로 1위를 차지하였다. 첫 동계아시안게임에서 북한은 금메달 1개, 은메달 2개, 동메달 5개를 기록하며 남한에 이어 종합순위 4위를 하였다.

1990년 제2회 일본 삿포로동계아시안게임에서 북한선수단은 쇼트트랙에서만 은메달 1개와 동메달 4개를 획득하며 종합순위 4위를 차지하였다. 뒤이은 제3회 대회는 북한이 유치했으나 대회를 반납하여 원래 개최 연도보다 2년 뒤인 1996년 중국 하얼빈동계아시안게임이 개최되었으며, 1999년 제4회 강원동계아시안게임에도 북한은 연이어 불참하였다.

2003년 제5회 일본 아오모리동계아시안게임의 개회식에서 역대 세 번째 남북한 동시입장을 이루며, 북한은 51명의 선수단을 파견하여, 쇼트트랙 여자 3,000m 계주에서 은메달을, 리향미가 여자 1,500m에서 동메달을 획득하여 종합 6위를 기록하였다. 반면 남한은 총 메달수 28개를 획득하며 종합순위 2위로 대회를 마감하였다.

2007년 제6회 중국 장춘동계아시안게임에서 북한은 66명의 선수단을 파견하였으나, 메달 기대주였던 피겨스케이팅 페어부문 정영혁 · 송미향조가 결정적인 점프 실수를 범하면서 기대와는 달리 메달을 얻지 못하였다. 최근에 개최되었던 2011년 제7회 아스타나 · 알마티동계아시안게임에 북한은

표 4-4 동계아시안게임 북한 메달 획득 현황

대회명	금메달	은메달	동메달	계
1986년 제1회 삿포로동계아시안게임	1	2	5	8
1990년 제2회 삿포로동계아시안게임	0	1	4	5
1996년 제3회 하얼빈동계아시안게임(불참)	-	-	-	-
1999년 제4회 강원동계아시안게임(불참)	-	-	-	-
2003년 제5회 아오모리동계아시안게임	0	1	1	2
2007년 제6회 장춘동계아시안게임	0	0	0	0
2011년 제7회 아스타나 · 알마티동계아시안게임	0	0	1	1
총계	1	4	11	16

출처: 대한체육회(http://www.sports.or.kr/, 2014. 12. 5 검색)

여자 아이스하키, 스피드스케이팅, 쇼트트랙, 피겨스케이팅 등에 32명의 선수단을 파견하였다. 이 대회에서 북한은 총 세 팀이 참가한 피겨 페어에서 리지향 · 태원혁조가 행운의 동메달을 획득하였고, 여자 스피드스케이팅 고현숙이 1,500m에서 8위, 500m에서 10위를 기록하였다.

이와 같이 동계아시안게임을 통해서도 <표 4-4>에서 보듯이 북한은 1990년대를 기점으로 뚜렷한 하향세를 보이며 아시아권에서도 강세를 보이지 못하는 실정이다.

2) 청소년들의 여가활동[5]

(1) 한국전쟁 이전

1876년 문호개방과 더불어 한국에 근대스포츠가 유입되었다. 단천지역 역시 다른 지역과 마찬가지로 1876년 문호개방 이후에 근대스포츠가 유학생들에

5 이 부분은 「북한의 체육 및 여가활동의 변화에 관한 연구: 단천지역을 중심으로」(나영일 외, 2013)의 119쪽 내용을 수정, 보강한 것이다. 단천지역을 중심으로 청소년들의 체육과 여가활동을 살펴보았다.

의해 유입되었다. 주로 축구, 육상, 야구, 정구 등이 청소년들을 중심으로 보급되었다.

『단천군지』(1991: 283~284)에 의하면 근대스포츠는 1912년경에 서울, 평양, 함흥 등지에서 공부를 하였던 유학생들이 단천에 귀향하여 청소년들에게 육상, 축구, 야구, 정구 등을 가르쳤으며, 이들이 이웃의 군들과 친선 경기대회를 개최하면서 근대스포츠가 일반인들에게 보급되기 시작하였다고 기록되어 있다. 친선 경기대회는 단천군을 포함한 학성군, 길주군, 이원군, 북청군 등 5군[6]에서 윤번제로 경기를 하였다. 그러나 1919년 3월 1일 삼일운동이 일어나면서 일제에 의해 단천군의 친선 경기들은 금지되었다.

이러한 분위기에서도 축구경기가 1921년에 단천에서 개최되었다는 기록이 있다. 『단천군지』(1991: 284)에 의하면 1921년에 만주 간도 축구팀과 보성전문학교 축구팀이 와서 각각 시범 경기를 하였다고 한다. 이로 인해 단천군의 청소년들 사이에서 축구가 인기를 얻었다고 기록되어 있다. 이후 해방이 될 때까지 단천에서 친선경기나 대회가 개최되었다는 공식적인 기록은 찾기 어려웠지만, 1940년대에 단천에서 유년기를 보낸 실향민들의 증언에 의하면, 1940년에도 여전히 남자 청소년들 사이에서 축구는 인기가 많았다고 한다.

> 축구도 좀 했고, 공은 학교에서 구입해 가지고 온다고 또 저기 돼지 방광을 불어서 그거 차는 거예요(실향민 2 면담, 2012. 12. 11).

> 축구도 자주 했죠. 공이 없으니까 새끼를 꼬아서 많이 하고요(실향민 1 면담, 2012. 10. 23).

1940년대에는 단천뿐만 아니라 다른 지역의 청소년들도 공을 구입하기가

---

6 단천군, 학성군, 길주군의 3군과 또 단천군, 이원군, 북청군 3군이 윤번제로 경기를 하였다(단천군지편찬위원회, 1991: 284).

어려워 학교에서 공을 빌리거나 구하기 쉬운 돼지 방광 혹은 새끼줄을 엮어 축구공을 만들어서 축구를 하였던 것으로 보인다.

단천군의 청소년들은 학교, 서당, 군면학원에서 체육시간에 축구 이외에도 야구, 육상, 체조 등 근대스포츠 종목들을 배웠다.

> 서당이 옛날 서당이 아니고, 현대식 교육의 서당이지, 고게 학력이 인정되고, 대체로 한 학년에 10~15명씩 있었으니까 전체가 한 50~60명씩 됐겠지. 한글도 썼고, 일본어 썼어. 근데 1941년도부터 국민학교에서는 조선어 안 배웠어(실향민 2 면담, 2012. 12. 11).

> 군면학원은 민간이 하는 건데 공부는 초등학교랑 똑같지. 뭐 국민학교가 적으니깐, 한 반에 10명 정도였던 거 같아. 학력으로는 인정을 받지 못했어. 그래도 중학교는 시험 쳐서 갈 수 있었어(실향민 3 면담, 2013. 1. 27).

이 중에서도 축구나 야구는 남학생들 사이에서 인기가 많았다. 실향민들의 증언에 의하면 쉬는 시간이나 방과 후에 청소년들끼리 운동장이나 공터에 모여서 함께 축구나 야구 경기를 하며 여가활동을 했다고 한다. 특이한 점은 다른 지역에 비해 야구가 단천군의 청소년들 사이에서 축구만큼이나 인기가 많았다는 점이다.[7]

> 그 옛날(1940년대)에는 야구한다고 했는데 야구공이 없으니까 짚에다 돌멩이를 이렇게 감아 가지고 어릴 때 그렇게 놀았다고(실향민 1 면담, 2012. 10. 23).

> 그때(1940년대) 야구가 있었어. 저기 야구도 국민학교에서 야구를 했다고 공 같은 것은 초등학교에서 하는 거니까. 야구 망방이처럼 나무를 깎아 가지고 만들

---

7 그때 당시에 야구는 잘 모르겠어요? 그때는 그저 공터에서 볼 차거나 제기차기, 팽이치기, 연날리기 그런 것이나 했죠(실향민 3 면담, 2013. 1. 27).

고 붙이기도 하고 체육시간에 조금씩 야구를 했어요. 그런데 대체로 체육시간보다도 방과 후에 놀이 비슷하게 했지 … (실향민2 면담, 2012. 12. 11).

이러한 현상은 함경남도 단천군이 일찍부터 광산업[8]의 발달로 외지인들이 많았고 도시에서 공부를 했던 유학생들이 민간 학교에서 청소년들에게 근대 스포츠를 지속적으로 교육시켰기 때문에 일어난 것으로 보인다.

야구의 경우 공 하나로 여러 명이 경기를 할 수 있는 축구에 비해 많은 장비들이 요구된다. 그 당시 일본 제국의 수탈로 경제력이 없었던 한국인들이 여가활동을 위해 야구에 필요한 공, 방망이, 글러브 등의 값비싼 서구식 장비를 구입하기는 어려웠을 것이다. 단천군의 청소년들은 야구의 이러한 약점을 보완하기 위해 스스로 장비를 개발하여 한국전쟁 이전까지 공터나 학교 운동장에서 지속적으로 야구를 즐겼던 것으로 보인다.

그러나 한국전쟁 이후 단천에 북한체제가 들어서면서 다른 종목에 비해 야구는 청소년들의 여가활동에서 사라진 것으로 보인다. 단천지역 출신의 북한이탈주민과의 면담에서 청소년기나 직장에서 여가활동으로 즐겨하는 운동종목에 대해 질문한 결과 축구, 배구, 탁구, 농구, 철봉, 체조 등이 나왔고, 야구에 대한 언급은 전혀 없었다. 심지어 일부 북한이탈주민은 야구에 대해서

---

8 단천군 직업별 인구

구분	호수	남(명)	여(명)	계(명)
농업	15,347	51,091	49,051	100,142
수산업	577	1,325	1,533	2,858
광업	578	1,597	1,113	2,710
공업	428	1,083	1,080	2,163
상업	1,454	3,374	3,544	6,918
교통업	240	581	525	1,106
자유업	443	999	1,093	2,092
기타	1,949	5,851	4,637	10,488
무직	588	762	1,176	1,938
계	21,604	66,663	63,752	130,415

출처: 단천군(1939, 1. 1)

는 대한민국에서 TV로 보거나 들었으며, 어떤 사람은 북한에서 상영한 영화에서나 어른들의 이야기로 들었다고 했다.

> 야구는 몰랐어요. 야구를 본 것이 '광주는 부른다'라는 영화가 있어요. 제가 중학교 때니까 86년도, 87년도쯤 될 거예요(북한이탈주민 5 면담, 2012. 11. 17).

> 일제시대 때는 했겠지요. 해방 후에는 야구가 없어졌어요(북한이탈주민 3 면담, 2012. 10. 9).

이것은 북한 정권에서 자본주의 스포츠라는 이유로 야구를 공산주의 정권 수립 이후 폐지(이학래 · 김동선, 2004: 208)했기 때문인 것으로 보인다. 또 국가에서 운동도구를 관리하기 때문에 개인적으로 운동도구 구입이 어려운 북한 청소년들은 국가에서 폐지한 야구에 필요한 장비를 구입하기가 쉽지 않았을 것이다. 단천지역 주민이나 청소년들은 야구보다는 주로 공 이외에 장비가 크게 필요하지 않은 축구, 배구, 농구, 탁구 등을 선호하거나, 아예 장비가 들지 않는 철봉 매달리기,[9] 달리기, 군중무용, 맨손체조 등을 선호했다.

이 외에 1940년대에 단천군의 어린이들은 다른 지역과 비슷하게 팽이치기, 연날리기, 널뛰기, 윷놀이 등을 했다. 특히 단천군에서 윷놀이는 남녀노소 모든 사람이 상시 즐겼다고 한다.

> 그때(1940년) 당시에 윷놀이를 여기서처럼 그냥 작대기로 안 하고, 콩 있잖아. 콩에 구멍 뚫어 가지고, 그걸로 윷을 쳤어. 방에 앉아 가지고, 콩으로 갖다 치고 그랬다고. 평상시에도 우리 고향에서는 아무 때나 모이게 되면 윷도 치고 그러는 거지(실향민 1 면담, 2012. 10. 23).

---

9 군에 입대할 때 필요한 종목이다.

그 당시 단천지역 주민은 단천에서 많이 생산되는 작은 콩에 구멍을 뚫어서 윷을 만들었다. 윷이 다른 도구에 비해 작기 때문에 휴대하기도 편리하고 놀이 공간도 넓지 않아 많은 사람이 윷놀이를 했다고 한다.

그 밖에 신체활동을 중심으로 한 여가활동은 주로 어린이들의 놀이에서 나타는데 도구가 필요하지 않거나 쉽게 재료를 구하여 놀이 도구를 만들 수 있는 것들을 중심으로 행해졌다.

또 단천지역에는 강이 있어서 여름철에는 수영도 하고 강 주변에서 여러 가지 놀이를 즐겼다.

> 한 7~8살 애들이 건너도 떠내려가지 않을 만한 그렇게 위험하지 않은 강이 있었는데 그곳에 물이 한군데로 모이는 소가 있거든. 그게 컸어. 여름에 전부 거기 모여서 수영도 하고, 팀을 나누어 보물찾기도 하는 거야(실향민 2 면담, 2012. 12. 11).

이는 단순히 강가에서 청소년들이 모여서 수영만 하는 것이 아니라 여러 게임도 함께했음을 보여 준다. 그리고 겨울철 단천은 영하 20도의 기후가 유지되어 스키 또는 스케이트 등 빙상 운동이 일찍부터 성행했다(단천군지편찬위원회, 1991: 283).

> 우리 동네는 추우니까 스케이트를 좀 타고. 또 얼음이 많으니까, 어릴 때에는 썰매 타구, 그것은 기본이었지(실향민 1 면담, 2012. 10. 23).

> 양쪽에다 날을 대서 썰매를 만들어 그걸 많이 했고, 여자들은 그것도 못하니까 경사진 데서 가마니 놓고 거기서 미끄러져서 내려가는 거야(실향민 2 면담, 2012. 12. 11).

실향민들의 증언에 의하면, 단천군의 청소년들은 겨울철에 썰매, 가마니,

스케이트 등을 만들어 강에서 놀았다고 한다.

(2) 고난의 행군 이전

단천지역의 청소년들은 지역 학교 중심으로 조직된 체육대회에 참여하였다. 그러나 직장인들에 비해 일반 학생들의 참여는 상대적으로 소극적이다. 학생 체육대회에는 주로 체육소조와 구락부 학생[10] 등 운동을 전문적으로 하는 학생들이 참여하였다. 대부분의 단천 청소년들의 체육과 여가활동은 쉬는 시간이나 방과 후에 이루어졌다. 따라서 학생들은 쉬는 시간과 방과 후에 운동장에서 학우들과 함께 축구, 배구, 피구, 철봉 매달리기, 제기 뿌리기 등을 하며 시간을 보내고 있었다.

> 그 짧은 휴식시간에 나와 노는 거 보면 운동을 많이 하고 뽈 차고 놀지. 학급들에서 자체적으로 축구를 자주 하더라고. 과외수업이 끝나면 한두 개 학교는 나와서 경기하니깐 운동장이 빌 새가 없었어(북한이탈주민 1 면담, 2012. 9. 26).

단천지역 청소년들의 놀이문화는 남녀별로 많은 차이점이 있었다. 남학생들의 경우는 대체로 운동장에서 축구를 즐겨 하였다. 이에 반해 여학생들은 제기를 이용하여 다양한 놀이를 하였다. 대표적인 단천지역 여학생들의 놀이로는 제기 뿌리기가 있었다(나영일 외, 2013).

> 제기를 만들어 가지고 콩 같은 것 넣고 천으로 요만한 거 만들잖아요? 거기다 콩 같은 것 넣거든요(북한이탈주민 7 면담, 2012. 11. 26).

---

10 체육소조에는 농구, 축구, 육상, 태권도, 체조 등 각종 운동 종목이 있으며, 방과 후에 주로 운동 활동을 한다. 구락부는 체육소조활동보다는 전문적인 학생운동선수들로 구성되었으며, 지역에서 운동을 잘하는 학생들을 선발하여 훈련을 시킨다.

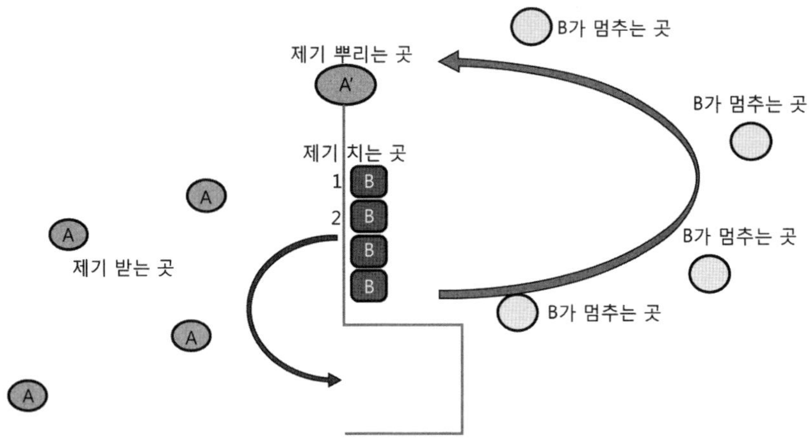

출처: 북한이탈주민6의 그림과 면담 내용을 토대로 재구성(2012. 11. 22)

그림 4-1 야구의 형식을 운용한 제기 뿌리기

단천지역의 사람들이 의미하는 제기 뿌리기는 한국의 일부지역에서는 오재미[11] 또는 모래주머니 뿌리기[12]라는 놀이의 일종이었다. 이러한 단천지역의 제기 뿌리기 놀이는 크게 두 종류가 있다. 피구의 형식을 빌린 제기 뿌리기가 있고, 야구의 규칙을 응용한 제기 뿌리기가 있다. 이 중에 피구와 같은 형태의 제기 뿌리기보다 야구 방식의 제기 뿌리기가 단천뿐만 아니라 함경도 지역의 여학생들 사이에서 유행했었다는 점은 특이하다.

여기서 뭐라고 하나? 네모나게 금을 그어 놓고 여기에 사람이 들어가서, 여기서 제기를 차면 맞은 사람이 나가고 … (북한이탈주민6 면담, 2012. 11. 22)

---

11 '오재미'는 콩이나 모래를 집어넣은 '놀이 주머니'를 가리키는 일본말이다(네이버 국어사전, 2013).

12 오재미 또는 모래주머니 뿌리기는 지역에 따라 천 속에 넣는 재료가 다르지만, 그 지역의 청소년들이 구하기 쉬운 모래, 콩 등의 재료를 천 속에 넣고 공을 대신하여 이것을 가지고 여러 가지 놀이를 하였다.

> 여기 와서 야구를 보면서 어머 저거 제기 뿌리기네! 그랬거든요(북한이탈주민 7 면담, 2012. 11. 26).

북한은 정권 초기부터 미 제국주의 잔재라는 이유로 야구를 금지시켰다. 그러나 해방 전 단천지역에 야구는 이미 청소년들 사이에 보급되어 놀이 중에 하나로 자리 잡았다. 야구라는 근대스포츠는 사라졌지만, 그 형태는 청소년들 사이에 변형되어 남아 있었던 것이다. 북한이탈주민들의 증언을 토대로 제기 뿌리기의 규칙을 살펴보면 다음과 같다.

> A조, B조가 서 있어요. A조는 받기 위해 다 서 있어요. A가 제기를 던져 올려줘요. B가 손으로 쳐요. 그럼 공이 날아가잖아요? 그럼 이렇게 해서 여기에 와야 돼요. 서 있어야 돼요. 그다음에 두 번이 치잖아요? 두 번이 치면 구석으로 도망칠 수 있어요. 점수제가 없어요. A가 던진 공을 맞았어요. 여기 반대편 사람들이 제기를 받으면 게임이 끝나는 거고, 땅에 떨어지면 주워다가 치거나 도망쳐요. 그래서 어느 지점에 가서 서 있어야 해요. 이렇게 한 바퀴 돌아야 돼요. 완전히 야구잖아요?(북한이탈주민 6 면담, 2012. 11. 22)

여학생들 사이에서 야구의 형식과 유사한 제기 뿌리기가 있었다는 것은 단천에 야구가 청소년들의 놀이 문화로 변형되어 남성에서 여성으로 옮겨진 것이라고 볼 수 있다.

> 이 놀이는 처음부터 있었어요. 남자들은 이 놀이를 안 해요. 여자들만 해요. 이건 여자 것이죠. 어쨌든 이건 여자들 놀이예요(북한이탈주민 7 면담, 2012. 11. 26).

이처럼 제기 뿌리기 놀이는 여학생들이 즐겼던 놀이로 야구 형식을 빌리고 있으나 단천지역의 여학생들은 야구에 대해서 잘 모르고 있었다. 그러나 정구나 야구에서 유래된 것으로 추측되는 제기 뿌리기 놀이는 장비 구입이 용이하지 않은 어린이들이 장비를 최소화하고 구입하기 용이한 재료를 사용하여 놀았던 것으로 추정된다.

(3) 고난의 행군 이후

성장기에 있는 청소년들은 성인들에 비해 신체활동에 활발히 참여하고자 한다. 북한의 청소년들 역시 고난의 행군 이후에도 다른 지역의 청소년들처럼 학교 운동장에서 뛰어노는 신체활동을 좋아했다.

> 일반적으로 고저 그 짧은 휴식시간에 나와 노는 거 보면 운동기구에 매달려 있었어. 운동을 많이 하고 뽈 차고 그렇게 놀지(북한이탈주민 1 면담, 2012. 9. 26).

> 여학생들이 많이 하더만 … 줄넘기 있잖아요. 노래 부르는 자유의 강산에서 우리자라고 (노래) 노래에 맞춰서 다리를 줄다리를 걸고 내렸다 올렸다. 그거하고 놀았죠(북한이탈주민 5 면담, 2012. 11. 17).

그러나 고난의 행군 이후에 북한 청소년들은 밖에서 놀기보다는 부모의 경제활동 참여에 많은 시간을 보냄으로써 그들의 여가활동도 과거와는 달리 신체활동보다는 비신체활동으로 전환되고 있는 것으로 보인다. 또 북한 청소년들이 참여하는 과외소조활동 중에 체육소조활동을 선호하는 경향은 과거에 비해 떨어지는 것으로 보인다. 이러한 현상은 과거와 달리 당이 청소년들의 미래를 보장하지 못하기 때문에 나타난 것으로 보인다. 고난의 행군 이후에 북한 청소년들은 당에서 정해 준 길 이외에도 자기 스스로가 생계를 이어갈 다른 길 역시 찾아야만 하는 현실에 놓여 있는 것이다. 그래서 북한 청소년들은 과외소조활동 역시 자신들의 미래에 경쟁력이 있으며 생활에 도움이 되는 과목들을 선호하게 된 것으로 보인다.

체육은 지금 많이 불리한 상태에서 소조들이 움직이고 있습니다. 그니까는 우리 ○○중학교라면, 체육소조, 음악소조가 있잖아요. 그런데 음악소조는 아주 광범위하게 움직이고 있지만, 체육소조는 운영이 거의 불가능하단 말입니다. 체육소조에 비해서 음악소조 사업이 훨씬 더 잘된다 말입니다. (중략) 체육소조활동이 전보다는 인기가 없습니다. 그 원인이 잘 먹지를 못하니까 운동해서 이득이 없단 말입니다(북한이탈주민 4 면담, 2012. 10. 19).

대부분의 학부모는 체육을 해 가지고는 발전성이 없다고 봐요. 사람들이 체육하면. 왜? 북한은 체육을 해서 세계 경기에 나가서 이겨본 적이 없기 때문에 못 나가죠. 그런데 음악은 해외로 잘 나가잖아요(북한이탈주민 10 면담, 2013. 1. 13).

음악소조와 같이 실생활에서 활용도가 큰 과외소조활동을 학부모들은 자녀들의 여가활동으로 선호하고 있다. 고난의 행군 이후 청소년들의 과외소조활동은 물론 학교생활에 필요한 비용은 당이 아닌 학부모들이 책임을 지고 있는 실정이다.

학부모들이 선생들의 봉급에 해당되는 돈을 학생들에게 모아서 주죠. 2010년 그때는 한 30만 원 돼야 했어요. 한 학급에 한 25명에서 40명 되죠. 그런데 사실은 그게 부담이라고 하면 또 부담이에요. 쌀 5키로니깐 잘 사는 애들도 있고 못 사는 애들도 있으니깐(북한이탈주민 11 면담, 2013. 4. 26).

선생님은 학부형한테 가서 손을 내밀어야 해요. 국가에서부터 주는 게 없잖아요. 예전에는 국가가 모든 걸 다 지급해 줄 때는 선생님이 학부형에게 손 내밀 일이 없었어요. 그러니까 교권이 있겠어요(북한이탈주민 10 면담, 2013. 1. 13).

과거 사회주의 국가에서는 학생들의 모든 교육이나 활동을 국가에서 책임지는 것을 원칙으로 하고 있으며, 북한 정권 역시 이를 추구하였다.[13] 그러나

1994년 고난의 행군 이후 북한 정권은 식량난과 에너지난으로 경제적 어려움을 겪게 되었다. 이에 따라 학교운영도 당이 아닌 개인의 경제력이 중시되었다. 또한 학생들 역시 부모들이 장마당에서 활동함에 따라 수업보다는 부모님의 생계를 돕는 경우가 늘고 있었다. 그래서 이 시기에는 학생들이 없는 상태에서 수업이 진행되는 학급들도 많았다.

> 선생님은 학교에 나가 수업을 해야 하는데 학생들이 6명, 7명 되면 선생님이 수업할 맛이 안 나잖아요(북한이탈주민 10 면담, 2013. 1. 13).

많은 북한의 청소년이 성인들 못지않게 경제적으로 어려움을 겪는 상황에서 자신들이 좋아하는 체육소조활동을 여가로 선택하기란 현실적으로 많은 어려움이 따랐을 것이다.

> 제가 어떻게 두 시간 동안 체육을 했겠어요. 그거(국수) 먹고 뛰어야 해요. 옥수수국수 같은 것을 다 불려서 손가락만큼 굵게 만들어 한 그릇씩 주고, 옥수수밥 아침, 저녁으로 소금국에다 먹이는데 애들이 영양실조가 오죠. 집에서 엄청나게 돈을 대줘야 계속할 수 있죠(북한이탈주민 6 면담, 2012. 11. 22).

운동은 다른 소조활동에 비해 체력소모가 심하고 장비 또한 개인이 구입하기 때문에 부모의 경제적 후원이 중요하다. 과거 당에서 운동선수들을 체계적으로 관리하고 지원하던 것과는 달리 고난의 행군 이후 북한 정권, 즉 당의 지원은 축소되고 있는 추세였다. 일반 운동선수나 체육소조활동을 하는 청소년들은 과거보다 훨씬 더 부모의 경제력에 의존하게 되었다. 이는 부모의 재력이 없는 일반 청소년들이 여가활동으로 체육소조활동을 과거처럼 활발히 하기 어려워졌음을 의미한다.

---

13 <표 3-10> 북한의 의무교육제도의 역사, 87쪽 참조.

3) 남북체육교류

분단 이후 남북은 이념적인 적대 속에서도 체육이라는 매개체를 통해 수많은 교류를 제의하고 회담이라는 틀 속에서 적잖은 인적 교류를 실시해 왔다. 1945년 국토분단, 1948년 정치적 분단, 1950년 민족분단 등으로 남북분단이 심화 고착된 이래 우리 정부는 북한의 대남도발을 억제하는 한편, 화해협력을 통해 분단을 극복하고 통일을 지향하기 위해 부단한 노력을 기울여 왔다(황옥철, 2005).

(1) 1990년 이전 남북체육교류

1945년 당시에도 서울과 평양 간의 경평아이스하키전을 필두로 축구, 농구 등 남북체육교류가 이루어졌다. 그러나 남북이 나뉜 후에는 이러한 교류마저 중단되었다.

남북체육교류의 중요성은 민족 화해 차원에서 일찍부터 제기되었다. 이 같은 사실은 남북대결이 첨예화되어 있었던 1960년대 초에 도쿄올림픽 단일팀 구성을 위한 최초의 남북체육회담이 성사되어 남북협상과 남북대화 가능성 타진의 선도적 역할을 했을 뿐만 아니라, 1970년대 이후 남북대화가 본격적으로 추진되는 과정에서도 적십자회담과 함께 민족차원의 인적 교류를 주도해 나가고 있었던 것에서도 분명히 드러난다(손환 · 조현철, 2006). 그러나 전 세계적으로 냉전 이데올로기가 강화됨에 따라 남북체육교류는 1978년까지 단절된다. 이후 1979년 제35회 평양세계탁구선수권대회 단일팀 구성, 1984년 LA올림픽 단일팀 구성, 1988년 서울올림픽 단일팀 구성 및 공동개최, 1990년 베이징아시안게임 단일팀 구성 문제 등으로 다시 남북체육교류의 물꼬가 트이게 된다(문화체육관광부, 2013: 525).

표 4-5 남북회담 주요 일지

날짜	장소	명칭	내용
1963. 1. 24 5. 17 7. 26	로잔 홍콩 홍콩	도쿄올림픽 단일팀 구성 회담 단일팀 구성 실무 1차 회담 단일팀 구성 실무 2차 회담	도쿄올림픽 단일팀 구성 토의(결렬, 별도 참가)
1979. 2. 27 3. 5 3. 9 3. 12	판문점 판문점 판문점 판문점	제1차 남북탁구협회 대표회담 제2차 남북탁구협회 대표회담 제3차 남북탁구협회 대표회담 제4차 남북탁구협회 대표회담	제35회 평양세계탁구선수권 대회 단일팀 구성 토의(결렬, 한국 참가 무산)
1984. 4. 9 4. 30 5. 25	판문점 판문점 판문점	제1차 남북체육회담 제2차 남북체육회담 제3차 남북체육회담	LA올림픽 단일팀 구성 토의(결렬, 북한 불참)
1985. 10. 8~9 1986. 1. 8~9 6. 10~11 1987. 7. 14~15	로잔 로잔 로잔 로잔	제1차 남북체육회담 제2차 남북체육회담 제3차 남북체육회담 제4차 남북체육회담	올림픽 단일팀 구성 및 공동개최 협의(결렬, 북한 측이 IOC 수정안 거부, 북한 불참)
1989. 3. 9 3. 28 10. 20 11. 16 11. 24 12. 22 1990. 1. 19 1. 29 2. 7	판문점 판문점 판문점 판문점 판문점 판문점 판문점 판문점 판문점	제1차 남북체육회담 제2차 남북체육회담 제3차 남북체육회담 제4차 남북체육회담 제5차 남북체육회담 제6차 남북체육회담 제7차 남북체육회담 제8차 남북체육회담 제9차 남북체육회담	베이징아시안게임 단일팀 구성 논의(결렬, 별도 참가)
1990. 11. 29 1991. 1. 15 1. 30 2. 12	판문점 판문점 판문점 판문점	제1차 남북체육회담 제2차 남북체육회담 제3차 남북체육회담 제4차 남북체육회담	· 남북통일축구 정례화 · 국제대회 남북단일팀 구성 토의 · 탁구단일팀 파견 및 청소년 축구 대회 논의 · 탁구단일팀 파견 및 청소년 축구 단일팀 구성 합의

출처: 대한체육회(2010)

(2) 1991~2000년 남북체육교류

1989년부터 베이징아시안게임의 단일팀 구성을 위해 수차례에 걸쳐서 진행되던 남북체육교류는 판문점 '통일각'에서 이루어진 회담을 통해 단일팀 실무위원회 구성운영에 관한 합의서를 공동 발표하고 일본 지바와 포르투갈 리스본에서 개최된 양 대회에 단일팀 출전을 이루게 되었다.

이후 정부는 기본합의서에 따라 남북이 가장 쉽게 교류할 수 있는 분야로서

표 4-6 1990~2000년 남북체육교류 세부실적

사업명	개최지	일시	참가자	비고
남북(대표팀)통일축구대회 서울평양 교환경기 개최	평양	1990. 10. 9 ~10. 13	76명(선수단 45명, 인솔 11명, 보도 20명)	남한: 체육부장관 인솔
	서울	1990. 10. 21 ~10. 25	78명(선수단 45명, 인솔 11명, 보도 22명)	북한: 국가체육위원회 위원장 인솔
제41회 세계탁구선수권대회 단일팀 구성 참가	오사카	1991. 4. 24 ~ 5. 6	56명(남북 각 28명, 선수 각 11명씩)	한반도기 사용 국가: 아리랑
제6회 세계청소년축구대회 단일팀 구성 참가	리스본	1991. 6. 14 ~ 6. 30	62명(남북 각 31명, 선수 각 9명씩)	한반도기 사용 국가 : 아리랑
통일염원 남북노동자축구대회	평양	1999. 8. 10 ~ 8. 14	37명(선수단 22명, 인솔 15명) 남북 노동단체	8.12(남북대결) 8.13(남북혼합팀 구성)
현대 통일농구 교환경기	평양	1999. 9. 27 ~ 10. 1	79명(선수단 42명, 현대 관계자 31명, TV중계요원 6명)	9.28(혼합경기) 9.29(남북대결)
	서울	1999. 12. 22 ~ 12. 25	62명(선수단 38명, 교예단 14명, 위성중계 기술자 2명, 아태관계자 8명)	12.23(혼합경기) 12.24(남북대결)
금강산자동차질주경기대회	서울, 금강산	2000. 6. 30 ~ 7. 4	차량 56대(경기차량 23대 포함), 241명	사업대가로 100만 달러 지급
삼성통일탁구 경기대회	평양	2000. 7. 26 ~ 7. 30	50명(선수단 13명, 인솔 37명)	남북대결 및 남북혼합팀 구성 경기
시드니올림픽 개막식 공동입장	시드니	2000. 9. 15	남북 각 90명씩 180명	한반도기사용 호칭 : KOREA
제81회 부산전국체전 금강산 성화채화	금강산	2000. 10. 1	50명(주관 : 부산광역시 - 금강산관광총회사)	

출처: 문화체육관광부(2013: 528)

체육교류추진에 관심을 두고, 1994년 대통령 업무보고 안에는 문화체육부가 '남북문화체육교류세부합의서'를 만들겠다는 내용을 포함시켰다. 그러나 1994년 7월 김일성의 사망으로 인한 북한의 폐쇄 정책으로, 남북체육교류는 더 이상 진전되지 못했다. 1998년에는 방콕아시안게임을 앞두고 단일팀 구성을 의제로 우리가 남북체육회담을 제안했으나 북한의 거부로 이뤄지지 못했다(문화체육관광부, 2013: 526).

이렇게 1990년대 후반 정부 간 체육교류가 미진하던 중 민간차원에서 남남북노동자축구대회'가 평양에서 열렸으며, 11월에는 현대의 정주영 명예회

장의 방북을 계기로 북한과 합작 사업으로 평양에 실내종합체육관을 건설하여 기증하였다. 이 실내체육관의 기공식을 전후로 남북 농구경기대회가 진행되었다(문화체육관광부, 2013: 527).

삼성전자는 2000년 7월 평양실내체육관에 전광판을 기증하고 이를 기념하기 위해서 '통일탁구경기대회'를 열었다. 남녀 단복식과 남남북녀, 북남남녀의 혼합복식 등 5경기가 진행되었다. 2000년에는 우인방커뮤니케이션이 '금강산자동차질주경기대회'를 남북한 양측을 가로지르는 지역에서 시행하였다. 6・15공동선언 정신에 따라 시드니올림픽 동시입장이 성사되어 남북한 팀이 단일국기와 국가, 복장으로 개회식과 폐회식에 참가하였다. 그해 10월 제81회 부산전국체전성화가 금강산에서 채화되기도 하였다.

(3) 2001~2014년 남북체육교류

1990년대의 남북교류의 노력들은 2000년대에 들어서 점점 더 활발해지기 시작했다. 2001년에는 금강산 지역에서 우인방커뮤니케이션이 주최하는 '제2회 자동차질주경기대회'가 개최되었고, 8월 15일에는 국제모터사이클 투어링이 개최되었다. 남북 체육교류협력 사업의 지원사업인 평양실내체육관 건설 사업도 지속되었다. 평양실내체육관은 현대아산이 건립을 주도하였다. 그러나 '남북태권도시범단 교환사업', '2002 한・일 FIFA월드컵'에 대한 사항은 결국 무산되었다.

2002년에는 남한에서 이루어지던 국제행사에는 무조건 불참하던 북한이 대규모 선수단과 응원단을 이끌고 2002년 부산아시안게임에 참가하였다. 남북태권도 시범단 교류도 이루어져 남북 간 태권도의 이질성 극복을 위한 공동학술대회 실시 등 민간 교류에도 전향적인 자세를 보이기 시작했다. 이후 북한은 2003년 대구유니버시아드대회에 선수단과 응원단을 파견하였다. 같은 해 남북은 민간차원의 민족통일평화체육문화축전 개최와 같은 대규모 남북체육문화교류사업을 성사시켰다.

2004년에는 아테네올림픽 개회식과 폐회식에서 남북 선수단이 공동으로 입장하였다. 2004 아테네올림픽 기간에 일어난 방송위원회와 북측의 조선중앙방송위원회 간의 협력 사업은 직접적인 체육교류는 아니지만 올림픽과 관련된 중요한 사회문화교류의 진전이었다. 2005년에는 남측에서 개최한 '동아시아축구선수권대회', '통일축구대회'에 북측 남녀 선수단이 참가했으며, '제4회 마카오 동아시아경기대회'에도 남북한 공동입장이 이루어졌다. 2005년에는 남북체육학술교류가 이뤄지기도 했다. 사회교류협력 사업으로 승인된 "코리아 민족의 체육발전을 위한 학술토론회"가 베이징에서 개최되어 남한의 민족통일체육연구원이 베이징에서 추진한 체육학술행사에 북측 조선체육대학교 교수 5명, 체육과학연구소 연구원 3명, 조선족 학자 1명이 참가하여 17편의 논문이 발표되었다(문화체육관광부, 2013: 531).

2007년에는 남북체육교류협회(남한)와 4·25 체육단(북한)이 남북유소년축구 상호교환경기 개최에 동의하였다. 이에 북한 청소년 축구팀이 방한하여 2007 FIFA 청소년(U-17)월드컵 대비 전지훈련을 실시하였다. 남한 청소년 팀의 방북도 이어져 12세 이하 유소년 팀이 평양에서 경기를 가졌다. 그리고 5·1절 남북노동자 통일대회의 일환으로 남북 노동자 '통일축구대항전'이 개최되어 또 한 번의 남북축구대결이 벌어졌다. 이 외에도 인천시와 사단법인 평화3000이 국민체육진흥공단의 지원하에 평양시체육단 축구장 현대화사업을 진행하였다. 축구 이외에 태권도 및 권투 분야에서도 남북교류가 진행되었다. 강원도의 초청으로 장웅 국제태권도연맹 총재 겸 IOC 위원이 이끄는 북한 태권도 시범단 48명이 방한하여 춘천과 서울에서 두 차례의 태권도 시범을 선보였다.

2008년에는 제주 한라체육관에서 개최된 2008 아시아유도선수권대회에 남자 3명, 여자 4명 등 북한 선수 7명이 출전하였다. 김철수, 원옥임 등 지명도가 높은 선수들이 참가하여 남북 교류의 의미를 더했다. 체조 분야에서는 처음으로 올림픽에서 합동훈련을 실시하였다. 남북체조가 모두 2008년 올림픽 단체전 출전이 좌절된 탓에 개인 자격으로 출전하는 남측의 조현주, 북측의 홍은정, 차영화 등 여자선수 3명은 베이징올림픽 예선 경기일인 8일까지 동일 시간, 동일 장소에서 합동훈련을 실시하였다.

2008년 축구 분야에서는 제3회 동아시아축구대회에서 1회, 2010년 남아프리카공화국 FIFA월드컵 아시아 예선전 3차전에서 2회, 최종예선에서 1회 등 네 차례의 남북 축구대결이 펼쳐졌다.

그러나 지난 2008년 금강산에서 발생한 관광객 피살사건은 체육교류를 포함한 거의 모든 부분에서 남북교류의 중단을 가져왔다. 이 때문에 2009년 남북체육교류는 2건으로 남북체육교류협회 주관하에 평양에서 이루어진 체육협의와 FIFA월드컵 예선전 한 차례가 전부였다.

이러한 과정에서 2010 남아프리카공화국 FIFA월드컵은 남북체육에 대한 관심을 제고시키는 계기가 되었다. 남북 축구팀의 동반 본선 진출은 역사적으로 1930년 우루과이 FIFA월드컵 시작 이후 무려 70년 만의 일이다. 북한 축구대표팀은 아시아지구 최종예선 B조에서 2위를 차지하며 1위인 한국과 나란히 본선무대를 밟게 되었다. 2010년에는 천안함 사건 등으로 인해 남북관계가 악화되면서 남북 체육교류와 협력은 이루어지지 못했다. 2011년의 종합국제대회 참가는 중국 선양의 유니버시아드와 터키 에르주룸의 동계유니버시아드가 전부이다. 그러나 동 대회에서 남북 체육교류관련 어떠한 접촉도 이뤄지지 못했다. 또한 2011년에는 시범단 교류와 같은 방문 교류도 성사되지 못했다.

반면 2011년에는 국제탁구연맹과 국제스포츠 평화교류 비정부기구인 피스앤드스포츠라는 단체가 공동 주관하여 카타르 도하에서 열린 제1회 피스앤드스포츠컵(Peace and Sports Cup)대회에서 남북 선수들이 단일팀을 이루어서 우수한 성적을 보여 주었다. 이 대회는 비록 친선경기이기는 하나 1991년 4월 지바세계탁구선수권대회 단일팀 이후 20년 만의 단일팀 구성으로 남자복식은 우승, 여자 복식은 준우승하는 결과를 이루었다. 피스앤드스포츠컵대회에서의 남북교류에는 대한탁구협회 회장이자 피스앤드스포츠컵 대사인 조양호 회장의 역할이 적지 않았다. 피스앤드스포츠컵대회에서의 남북 단일팀의 선전은 정규적 국제경기대회에서의 남북 협력이 단절되고, 정부 주도의 남북 체육교류가 경색된 상황에서 가맹단체 차원 또는 민간 차원의 교류 성과로 대안 형태로서의 의의가 크다.

2012년 1월 인천광역시의 노력으로 중국 쿤밍에서 '인천 평화컵 유소년 14세 이하 축구대회'가 1월 31일부터 2월 3일 사이에 개최되었다. 이 대회는 인천 유나이티드와 쿤밍 시 체육협회가 주관한 대회로 개최 직전 북한 측의 대회 거부로 무산되었다. 동 대회에 남한 측은 인천 광성중학교 축구팀, 북한 측은 425 축구단(유소년팀), 중국 대표로는 윈난성 선발팀, 일본 대표는 요코하마 마리노스 유소년팀이 참가하였다. 북한팀은 현장에 참가했으나 수교를 맺지 않은 일본과 경기를 치를 수 없으므로 경기를 거부한다며 경기 불참을 선언하였고 결과적으로 남북 청소년 간 교류전은 성사되지 못했다(문화체육관광부, 2013: 538).

2013년에는 2013 동아시안컵축구대회에 참가하기 위해 북한여자 축구팀이 남한을 방문했다. 대회 기간 동안 대한민국과의 일전을 승리로 장식하며, 경기 후 우리 관중석을 향하여 응원에 답례하고 우리 선수들과 포옹을 한 바 있으며, 관중석에서 한일전을 지켜보던 북한팀은 지소연 선수의 연이은 골에 기립박수를 보내는 등 훈훈한 응원을 보여 준 바 있다. 또한 2015 광주유니버시아드 조직위원회와 유엔스포츠개발평화사무국(UNOSDP)이 공동 개최하는 유스리더십프로그램(YLP)에 참석하기 위해 북한 청소년 3명과 인솔자 1명 등이 지난 8월 21일 입국하여 행사에 참석한 바 있다(김영란 · 김흥태, 2013). 이와 함께 '2013 평양아시아클럽대항역도선수권대회'에 남한선수단 41명, 대한역도연맹 소속 7개 클럽팀 선수 22명과 임원 14명, 역도연맹 관계자 5명이 방북하여 북한에서 최초로 태극기 게양과 애국가 연주 장면을 연출한 바 있다. 다음 <표 4-7>은 1999~2013년 남북체육교류 세부실적을 요약한 것이다.

2013년 9월 평양에서 열렸던 2013 아시안컵 · 아시아클럽역도선수권대회에 총 41명이 방북하였다(성문정, 2013).

표 4-7 1999~2013년 남북체육교류 세부실적

사업명	개최지	일시	참가자	비고
제2차 금강산랠리대회	금강산	2001. 7. 29~31	241명, 차량 56대(경기차량 23)	
남북통일축구경기	서울	2002. 9. 5~8	북한선수단 30명	
태권도시범단 교환	평양	2002. 9. 14~17	65명(남한 35/북한 30)	황봉영 조선태권도 위원회의 초청
	서울	2002. 10. 23~26	62명(남한 41/북한 21)	
부산아시안게임	부산	2002. 9. 22~10.15	668명(북한선수단/응원단)	
아오모리동계아시안게임	아오모리	2003. 2. 1~8	· 150명(남한 110/북한 40) · 개폐회식 공동입장	한반도기 사용 북한의 제안, 남한 수용으로 성사
대구유니버시아드	대구	2003. 8. 20~9. 1	527명(선수임원 포함)	· 선수단 197명 · 응원단 327명
남북태권도교류 협의 및 대구유니버시아드 참관	대구	2003. 8. 17~21	장웅 등 3명	
정주영체육관 개관식 및 통일농구대회	평양	2003. 10. 6~9	· 남한 1,072명 육로 방북 · SBS 평양에서 중계	경의선 임시도로로 육로 방북
제주민족평화축전	제주	2003. 10. 23~26	김영대 등 190명	
아테네올림픽 공동입장	아테네	2004. 8. 14	· 남한선수단 136명 · 북한선수단 50명	· 단가: 아리랑 · 단기: 한반도기
제2회 동아시아 축구선수권대회	대구 전주 대전	2005. 7. 31~8. 7	북한선수단 65명	
8. 15 민족대축전 남북남녀통일축구	서울 파주	2005. 8. 14~16	· 남자: 서울, 상암경기장 · 여자: 파주, 공설운동장	
제4회 마카오 동아시아 경기대회 공동입장	마카오	2005. 10. 29~11. 6	남북선수단	
한국여자골프협회 평양오픈대회	평양	2005. 8. 26	30명(남한 여자골프)	
아시아 육상선수권대회	인천	2005. 9. 1	130명(북한선수단/응원단)	
오마이뉴스 평양마라톤대회	평양	2005. 11. 24	144명(남한)	
6.15공동선언 실천 강원도 겨울철 체육대회	춘천	2006. 3. 2~5	35명(선수단)	· 합동훈련 · 혼성훈련
제4차 남북프로권투대회	금강산	2006. 6. 1	금강산 현지중계	
태국 차야퐁컵 국제친선 청소년 축구대회	태국	2006. 10. 22	남북단일팀 참가	

표 4-7 계속

사업명		개최지	일시	참가자	비고
남북유소년 축구단 상호교환	북한 방한	제주 수원 광양 서울	2007. 3. 20~4. 20	23명(북한선수단)	15~17세 전지훈련
		강진	2007. 6. 1~14	34명(북한선수단)	15세 이하 친선 경기
	남한 방북	평양	2007. 6. 23~7. 3	26명(남한선수단)	
		평양	2007. 11. 3~14	22명(남한선수단)	
북한태권도 시범단 방한		서울 춘천	2007. 4. 6~9	46명(북한시범단)	단장: 장웅 IOC 위원
남북 노동자 통일축구		창원	2007. 4. 30	60명 방한	5·1절 노동자통일대회 행사
2007 FIFA 청소년월드컵대회 (U-17)		서울 등 8개 도시	2007. 8. 16~9. 9	38명(북한선수단)	16강 진출(2회 연속 8강 진출 실패)
제2회 국제청소년친선축구대회		강진	2007. 10. 13~25	22명(북한선수단)	한국 중등축구연맹 주최
평양시체육단 축구장 준공식		평양	2007. 11. 9	남측 대표단 145명	축구장 시설 현대화 사업
제3회 동아시아축구대회		충칭	2008. 2. 20		경기결과 1:1
아시아 주니어 레슬링선수권대회		제주	2008. 3. 16~24	15명(북한선수단)	
2008 아시아 유도선수권대회		제주	2008. 4. 26~27	17명(북한선수단)	
2010 남아프리카공화국 FIFA월드컵 3차 예선전		상하이 서울	2008. 3. 26 2008. 6. 22	남북 축구대표팀	경기결과 0:0
2008 남북태권도교류행사		평양	2008. 6. 28~7. 1	(사)ITF태권도협회 남측대표단 60명	· 북한의 시범 · 남한사범의 기술 교육 실시
남북체육교류협회 유소년축구단 교류		평양	2008. 6. 14~26 2008. 10. 8~15	유소년축구선수단 30명, 경수유소년축구단, 임원 등 50여 명	친선경기 및 합동훈련
2010 남아프리카공화국 FIFA월드컵 최종예선전		상하이	2008. 9. 10	남북축구대표팀	경기결과 1:1
2008 베이징올림픽 코리아응원단		베이징	2008. 8. 10~14	응원단 400여 명	남북한 팀 경기 응원
남북체육교류협회		평양	2009. 2. 25~28	남북체육교류협회 관계자 17명	'김경성 체육인초대소' 준공식 참석 및 체육교류 협의

표 4-7 계속

사업명	개최지	일시	참가자	비고
2010 남아프리카공화국 FIFA월드컵 예선전	서울	2009. 3. 29~4. 2	43명(북한선수단)	경기결과 1:0
피스앤드스포츠컵탁구대회	도하	2011. 11. 21~22	4명(남한 2명/북한 2명)	· 남자 복식(남북 단일팀) 우승 · 여자 복식(남북 단일팀) 준우승
동아시안컵축구대회	서울	2013. 7. 20~28	36명(북한선수단)	
아시안컵 · 아시아클럽역도선수권대회	평양	2013. 9. 12~13	41명(남한선수단)	
인천아시안게임	인천	2014. 9.19~10. 4	273명(북한선수단)	종합 7위

출처: 김흥태(2013), 전영선(2013), 문화체육관광부(2013) 재구성

2014년 제17회 인천아시안게임에 273명의 북한선수단이 참가하였다. 북한은 최종적으로 금메달 11개, 은메달 11개, 동메달 14개로 종합 7위를 하였으며, 폐막식에는 황병서 군총치국장, 최룡해 당비서, 김양건 대남비서 등 북한의 최고위급 인사들이 대거 참가하였다. 북한은 인천아시안게임 전후로 열린 국제학술대회와 장애인아시안게임에도 참가하는 등 적극적인 모습을 보여 주었다.

문화체육관광부에서 2012년 실시한 국민생활체육 활동참여실태조사에 의하면 우리나라 10세 이상 국민들은 남북체육교류가 통일에 긍정적 영향을 미친다는 점에 후한 점수를 주고 있음을 알 수 있다. 구체적으로 남북체육교류가 통일에 '매우 영향을 미친다'고 생각하는 사람이 7.1%, '영향을 미친다'고 응답한 사람이 62.9%로서 전체의 약 70%가 남북체육교류가 통일에 영향을 미친다고 생각하는 것으로 조사된 바 있다(김영란 · 김흥태, 2013).

스포츠 경기 자체는 경쟁적 속성을 가지지만, 이러한 경쟁을 위한 만남의 장 속에서 상호 간의 이해와 친선을 도모할 수 있다는 데 큰 의미가 있다. 분단의 원인이 되었던 이데올로기적 갈등과 정서적 적대감을 상당부분 해소하는 데 직접적인 효과를 가져다줄 수 있기 때문이다. 바로 이러한 측면이 스포츠의 기능적 효용성일 것이다(유호근, 2009). 비록 2008년 금강산 관광객 피

격, 천안함 폭침사건 발생으로 남북관계가 긴장 속에 진행되었고, 남북체육교류 역시 움츠러들었지만 남북체육교류의 중요성을 결코 간과해선 안 된다.

2. 북한의 여가활동

1) 천렵

단천지역 주민은 대표적인 여가활동으로 천렵을 언급하였다. 북한이탈주민이 말하는 천렵이란 직장, 혹은 마을 주민들이 명절[14] 혹은 날씨 좋은 날에 단체로 강가에 야유회를 가는 것을 의미한다(나영일 외, 2013).

> 사회에 나온 직장인들이 여기서 말하면 화합을 이루기 위해서 직장별로 야외활동을 나가죠. 우리는 이것을 '천렵 간다' 이렇게 하거든요. 천렵은 주로 강가로 나가요(북한이탈주민 7 면담, 2012. 11. 26).

> 천렵은 학생들이 가는 경우는 없구요. 사회에 나온 직장인들이 직장에서 다 같이 북한말로 하면 천렵 간다고 말하죠. 조직의 화합을 이루기 위해서 천렵을 가는 거죠(북한이탈주민 14 면담, 2013. 5. 3).

> 5.1절, 노동자명절이 되면 어디 놀러가거나 단체로 공장 안에서 체육대회를 하죠(북한이탈주민 5 면담, 2012. 11. 17)

천렵은 주로 직장인이나 마을 주민들이 명절이나 휴일에 모여서 가지만,

---

14 국가 명절 8대 명절: 설날(1. 1), 김정일 위원장 생일(2. 16), 김일성 주석 생일(4. 15), 국제노동절(5. 1), 조국해방의 날(8. 15), 북한 정권 창건일(9. 9), 당 창건일(10. 10), 헌법절(12. 27).
4대 민속명절: 음력설, 한식, 단오, 추석 등이 있다(북한전문검색, 2013).

마을 사람들보다는 주로 직장인들이 직장 내의 단합을 목적으로 참여하는 경우가 많다. 북한이탈주민에 의하면 북한주민은 천렵에 적합한 장소로 즉석에서 식재료 구입과 요리가 가능한 강가나 냇가를 선호한다고 하였다. 경제적 상황이 상대적으로 좋았던 고난의 행군 이전에도 북한주민은 천렵을 자주 가지는 못하였다. 이는 사회주의 경제체제의 특징인 배급제 체제에서 북한주민이 천렵을 위한 음식을 장만하는 것이 어려웠기 때문인 것으로 보인다.

주로 강가로 나가요. 나가서 뭐 어죽도 끓여 먹고, 강냉이도 삶아 먹고, 남자들 같은 경우는 술도 하고 해요(북한이탈주민 7 면담, 2012. 11. 26).

단오면 날씨가 좋고 하니까 강변에 뭐 돼지를 잡아 가지고 나간다든가, 강에서 고기 잡고, 쇠가마를 가져가서 불을 때면서 뭐 그렇게 했지(북한이탈주민 1 면담, 2012. 9. 26).

북한이탈주민의 증언에 의하면 북한주민이 천렵에서 공식적으로 가장 중요하게 여기는 것은 '단합'이었다. 단천지역 주민은 강가에서 천렵을 하면서 사람들과 음식을 같이하고 나누어 먹었다. 그러나 북한사회의 특징인 철저한 당의 감시 때문에 천렵을 통해 주민들 간의 친목을 기대하는 것은 사실상 어려웠다. 중앙당에서도 주민들의 단체활동을 장려하기도 하였지만, 이것이 주민들 간의 친목을 강화하는 것을 의미하지는 않았다. 북한주민은 천렵에서 가장 중요한 부분을 음식이라고 생각했다. 이는 북한주민 전체가 철저한 배급제이고, 부족한 경체체제에서 천렵과 같이 야외에 나가서 별식을 먹을 기회가 많지 않았기 때문인 것으로 보인다.

북한 여성들도 남성들과 마찬가지로 천렵을 선호하지만, 여성동맹 차원에서, 즉 북한 여성들끼리 모여서 천렵을 가는 것은 드물다. 왜냐하면 북한 여성들은 천렵에서 별식으로 제공되는 음식을 남성들처럼 즉석에서 구하기가 어려웠기 때문이다.

> 여자들만 모여서 천렵을 가는 건 없어요(북한이탈주민 3 면담, 2012. 10. 9).

> 강에 나가서 고기랑 잡아야 되는데 여자들이 잡아요? 못 잡지. 강에 나가서 쇠가마를 가져가서 불을 때면서 … (북한이탈주민 2 면담, 2012. 10. 9)

천렵에서 음식을 함께하고 먹는 것 외에도 동료들끼리 각종 놀이나 음악에 맞추어 군중무용을 하였다. 북한이탈주민의 증언에 의하면, 군중무용을 선호하는 사람들도 있지만, 그렇지 않은 사람들도 있었다. 그러나 군중무용은 북한주민이라면 누구나 따라할 수 있게 쉽게 구성되어 있었으므로 천렵과 같은 단체 여가 행사에서 놀이처럼 쉽게 할 수 있는 여가활동 중 하나이다.

> 녹음기를 꼭 챙겨 가거든요. 녹음기를 틀고 우리가 이미 다 알고 있는 군중무용을 하죠. 북한에서는 군중무용이 대중 무용이죠. 노래 자체가 사상이 있으니까 거기에 맞추어 춤을 추는 거죠. 군중무용을 북한에서는 모든 사람 다 할 줄 압니다. 어릴 때부터 배우고, 그래서 북한사람들은 춤추는 걸 좋아하는 것 같아요(북한이탈주민 7 면담, 2012. 11. 26).

2) 군중무용

군중무용은 서양의 민속무용처럼 손을 잡거나 주기적으로 짝을 바꾸어 추는 형식으로, 북한주민은 누구나 다 할 줄 안다. 군중무용의 동작은 일반인들도 쉽게 따라 할 수 있는 간단한 동작으로 서로 모르는 사람들 사이에서도 손을 잡는 약간의 신체접촉을 하면서 서로 돌아가면서 짝을 지어 하기 때문에 금방 친해진다고 한다.

여기서 말하면 교회에서 율동스타일, 율동으로 하는 거 있잖아요, 교회에서 하나님을 찬양하면서 율동하잖아요? 서서 하는 거 많잖아요? 걸어가면서 그런 거 위주로. 동작을 누구나 다 따라할 수 있는 동작이에요(북한이탈주민14 면담, 2013. 5. 3).

북한은 우리나라와 달리 남녀 짝을 지어 함께 군중무용을 추는 것이 생활화되어 있기 때문에 이들은 천렵과 같은 각종 단체모임에서 군중무용을 추는 것으로 보인다.

여기처럼 남모르는 사람하고 손잡았다고 어? 뭐야? 이런 게 전혀 없어요 … 북한이 그런 단합을 좋아하잖아요? 단합이 어떻게 되겠어요? 일단은 손잡고. 우리는 하나 … 그러니까 둘이 같이 손잡고 돌고 추고, 박수 치고, 이런 것도 되게 많아요. 그땐 아무 경계심이 없어요(북한이탈주민7 면담, 2012. 11. 26).

이러한 특성 때문에 군중무용은 북한주민이 선호하는 여가활동 중의 하나로 자리 잡고 있는 것으로 보인다. 그러나 이러한 군중무용은 정치적 차원에서 북한 정권이 사회주의 사상과 주체사상을 주민들에게 무의식적으로 강요하는 도구이기도 하다. 체육활동이 일상생활에서 주민들에게 집단주의 특성을 강요하는 수단으로 사용되었다면, 군중무용은 북한주민의 생활문화에서 당의 사상을 반복적으로 몸을 통해 주입시킴으로써 집단주의 체제를 더욱 공고화시킨다.

군중무용을 통해 북한주민에게 북한 정권의 사상을 무의식적으로 강요할 수 있었던 것은 군중무용에 사용되는 음악 때문이다. 군중무용의 배경 음악은 북한 정권을 찬양하고 그들이 추구하는 사상을 반복적으로 주민들에게 주입시킨다. 또한 용이한 동작으로 모든 주민이 쉽게 군중무용을 접할 수 있다. 따라서 북한주민이 군중무용을 반복적으로 배우고 각종 단체모임에서 함께 춤을 추는 과정에서 사상교육이 이루어지고 있는 셈이다. 따라서 북한 정권에 있어 군중무용은 북한주민을 정치적으로 교화시키는 중요한 수단이다.

> 군중무용을 하는 것은 정치적 생명을 띤 행사라고 볼 수 있어요. 이거를 안 하면 생활 총화할 때 비판 상대가 되고, 이런 것들이 업적으로 남기 때문에 누구든지 하기 싫어도, 무용 난 취미가 없는데? 난 할 줄 모르는데? 그렇지만 무조건 해야만 되는 거예요. 당에 대한 충성심 한 가지만 가지고 명절에 군중무용을 무조건 해야 되는 거예요(북한이탈주민 14 면담, 2013. 5. 3).

북한주민에게 있어 군중무용은 필수적으로 배워야 하는 의무적인 활동 중 하나이다. 따라서 북한주민에게 당이 주도하는 각종 행사나 국가 명절에 강제적으로 참여하여 군중무용을 하는 것도 중요한 정치행사인 것이다. 북한이탈주민에 의하면 북한주민은 국가 명절에 마을의 큰 광장이나 동상 앞에 나와서 큰 대형을 만들어 군중무용을 한다고 한다.

> 김일성 생일 이럴 때면 역전 광장에 방송 차가 와서 음악을 틀어 놓고요 … 그 담에는 전체 기업소들 있잖아요? 근로자들이 다 와 가지고요 … 이렇게 둥그렇게 큰 원을 몇 개씩 만들어요. 거기서 다 군중무용을 해요 … 보급도 하고요(북한이탈주민 7 면담, 2012. 11. 26).

> 북한에서는 동상 앞이라든지, 광장 앞에는 엄청 넓어요. 거기서 사람들이 큰 원을 만들고, 또 다른 곳에서 원을 만들어요. 그리고 음악이 나오면, 음악도 녹음된 것을 트는 것이 아니라 군중무용 음악을 연주해 줄 취주악단이 있어요. 취주악단이 계속 음악을 연주하는 거예요. 그러면 사람들은 그 음악에 맞춰서 두 시간 이상을 춤을 추는 거죠. 군중들이 모여서 춤을 추기 때문에 북한에서는 '군중무용', 혹은 '무도회'라고 이름을 붙여졌죠(북한이탈주민 14 면담, 2013. 5. 3).

북한이탈주민에 의하면 군중무용 보급은 당의 주도하에 조직적으로 이루어진다. 군중무용 보급은 주로 각 단체에서 무용을 잘하는 사람을 선발하고 중앙에서 연습을 시켜 다시 각 단체로 보내어 이루어졌다.

> 평양, 그러니깐 중앙에 있는 분들이 군중무용을 만들면 각 도에서 사람들을 뽑아서 평양으로 올라가거든요. 2명이라든지 4명, 짝을 지어서 평양으로 올려 보내요. 그러면 각 도에서 대표로 올라간 사람들이 군중무용을 배워서 각 도로 돌아오는 것이죠. 그러면 도에서는 또 어떻게 하겠어요? 각 도에 속한 모든 군마다 또 2명씩 뽑아서 그 도로 올라가요. 그때 당시에 제가 ○○읍에서 제가 선발되어서 도로 올라갔었거든요. 전체 군에 속해 있는, 회사마다 사람들이 2명씩 다 모여요. 몇 명씩 모여요? 100명 이상 모이죠. 그러면 저희가 있던 곳은 엄청 컸으니깐 그런 기업소를 다녔어요(북한이탈주민 14 면담, 2013. 5. 3).

> 위에서부터 군중무용이 내려와요. 누가 혹은 개인이 군중무용을 만들어 내는 것이 아니라 위에서부터 군중무용이 내려와 보급이 되는 거죠. 중앙에서부터 도, 시, 군으로 이렇게 보급이 되는 거죠(북한이탈주민 7 면담, 2012. 11. 26).

직장단위는 기동대나 선전대에 차를 지원하여 각 기업소나 마을을 순회하면서 군중무용을 보급하기도 한다. 군중무용은 북한체제에 살고 있는 주민들은 누구나 할 수 있는 보편화된 것이다(나영일 외, 2013).

3) 주패놀이

1994년 고난의 행군 이전에는 당 주도하에 직장인이나 주민들의 단합을 위해 집단적으로 참여했던 천렵이나 직장인 체육대회 또는 체력단련을 위한 신체활동이 여가활동으로 활발하게 진행되었다(나영일 외, 2013). 그러나 고난의 행군이 시작되면서 주민들은 체육대회와 같이 집단 활동을 하는 것보다는 집이나 사무실과 같은 실내 공간에서 소수가 즐기는 주패놀이[15]나 화투에 관심이 증가한 것으로 보인다.

> 주로 회사 사람들 일이 끝나면야 누구네 집에 모여서 논다. 그러면 직장패들은 주로 노는 것이 주패를 많이 하고 놀았어. 그러고 노인네들은 화투치기를 많이 하더라고(북한이탈주민 1 면담, 2012. 9. 26).

고난의 행군 시절, 당 주도하에 시행된 체육대회나 천렵과 같은 집단행사가 사라진 것은 아니었다. 여전히 사회주의 체제를 고수하는 북한에서는 주민들에 대한 감시와 통제가 존재하고 있었으며, 조직적인 각종 행사는 항상 당의 주도하에 있었다. 그러나 북한주민은 과거에 비해 당이 주관하는 행사에 적극적으로 참여하기보다는 개인적인 경제활동에 더 관심이 많아졌다. 이에 따라 주민들에게 신체활동보다는 비신체활동의 여가활동을 선호하는 경향이 나타나기 시작했으며, 경제 개념이 변한 북한주민은 사유재산에 대한 관심과 더불어 개별적으로 즐길 수 있는 여가활동을 선호하게 되었다. 주패놀이가 그중 하나인데, 이것은 단천지역 주민뿐만 아니라 북한주민 사이에서 남녀 구분 없이 많은 사람이 여가시간에 즐겨 하고 있는 것으로 보인다.

> 주패놀이를 우리들 있는 데서는 사사끼라고 말해요(북한이탈주민 4 면담, 2012. 10. 19).

> 개인들은 주패를 많이 하지. 주패가 엄청 유행되고 있어요. 회사 직원들이 일만 끝나면 그걸 엄청 하고(북한이탈주민 1 면담, 2012. 9. 26).

---

15 주패놀이는 중국식 56장짜리 트럼프를 사용하는 놀이로 시간 때우기로 많이 한다. 주패의 모양은 카드와 동일하지만 게임방법은 카드와 많이 다르다. 가장 흔한 사기주 외에 명령주, 오십 K 등을 한다. 3명에서 6명까지 하며 5명이 가장 많다(안민석, 2002).

대학생들도 주패놀이를 하죠. 돈도 내고, 남자들은 담배. 까치로. 한 까치, 두 까치를 걸고 해요. 여학생들은 돈으로 하기도 하고. 기본 돈이죠(북한이탈주민 6 면담, 2012. 11. 22).

주패놀이는 중국에서 건너온 카드놀이의 일종으로 1970년대부터 북한주민들 사이에서 성행하였다. 주패놀이는 단순한 카드놀이에서 노름까지 다양한 방법으로 성인들이 여가시간을 보낼 수 있는 도구로 사용되었다. 그러나 과거에 비해 사유재산의 개념이 확대된 고난의 행군 이후에 주패놀이는 노름으로 변질되어 주민들 사이에 성행하고 있었다(나영일 외, 2013). 또한 북한주민은 주패로 그날의 하루 일과를 점쳐 보기도 한다.

혼자 앉아서 신수 두죠. 주패로 점 보는 것. 카드를 이렇게 해 가지고 조용히 살려고 하지, 실제로 너무 감시가 그래 가지고(북한이탈주민 4 면담, 2012. 10. 19).

북한에서는 공식적으로 종교를 인정하지만, 과거 사회주의 국가와 마찬가지로 종교를 아편과 같은 것으로 간주하고 주민들의 종교생활을 통제하였다. 김일성은 종교에 대해 "종교는 일종의 미신입니다. 예수를 믿든지 불교를 믿든지 그것은 본질상 다 미신을 믿는 것입니다", "종교는 반동적이며 비과학적인 세계관입니다. 종교는 아편과 같은 것이라 할 수 있습니다."라고 지적하였다(김일기 외, 2012: 203). 이러한 사회 분위기로 인해 북한주민은 종교생활을 하지 않는 반면에 개인적인 경제활동을 활발히 하면서 각종 미신을 믿는 경향이 나타나기 시작하였다. 단천지역 출신의 북한이탈주민에 의하면 단천지역에서도 개인이 운영하는 점집이 있으며, 당의 감시 속에서도 많은 사람이 점집을 이용한다고 하였다.

대놓고는 안 하죠. 굿, 점 보고 그런 것도 단속 걸리면 처벌이 심해요. 미신

행위라 그래서 … 여자 1명을 총살했던가 그런 거 같은데 … 거짓말을 많이 했지. 당의 권위에 도전하고, 미신 행위를 통해서 … (북한이탈주민 5 면담, 2012. 11. 17).

당에서는 단속이 완전히 심하죠. 그러니까는 창 가림, 앞에 연막이 있죠. 무슨 만두를 한다던가 두부를 한다든가 해 놓고, '두부 사러 왔습니다' 하고 들어가서 점 보는 거죠(북한이탈주민 4 면담, 2012. 10. 19).

위와 같은 이유로 북한주민은 미신을 믿지만 당의 단속이 두려워서 개인적으로 주패를 가지고 그날의 하루 일과를 점쳐 보는 것을 선호하게 된 것이다. 특히 고난의 행군 기간에 식량난이 길어지면서 당이 주민들에게 지급했던 배급제 붕괴로 체제가 불안정해져 사회주의 국가의 근간이 무너진 상태가 되었다. 주민들은 당이 아닌 개인이 가족들의 생계를 책임져야 했으며, 당에 의해 철저히 감시를 받는 남자보다는 당에서 보다 자유로운 여성들이 장마당에서 장사를 하며 가족들의 생계를 이어가는 가정이 많아졌고, 그날의 운세를 점쳐 보는 미신적 행위들을 하기도 하였다.

여성분들도 아침에 개인 보따리 싸서 나가면 집에서 이제처럼 그거 탁 쳐 보고. 야, 이거 오늘 하루 났다. 이거 벌겠네, 이런 식으로 하고(북한이탈주민 1 면담, 2012. 9. 26).

장마당의 부상은 북한사회의 정치적 안정성이 약화된 것을 의미하고, 이러한 상황에서 북한주민은 점을 통해서 불안한 사회에 적응하려는 행태를 보인다. 또한 장마당은 비공식적인 경제영역이기 때문에 장사를 하는 사람들은 항상 불안할 수밖에 없었다. 이에 장사하는 주민들은 하루를 예측하기가 어려워 장마당으로 장사를 떠나기 전에 주패로 그날 하루의 일진을 미리 점쳐 보기도 한다. 이 역시 고난의 행군 이후 장마당이 형성되면서 북한주민에게 새로운 경제 개념이 들어서면서 생긴 생활문화인 동시에 변형된 여가활동이라 할 수 있다.

4) 음주문화

고난의 행군 이후에 개인적인 여가활동이 나타나기 시작하면서, 북한 지역의 남성들에게 주패놀이와 더불어 음주문화가 발전하기 시작하였다. 과거 북한이 계획경제를 철저히 추구하였을 때 술은 명절이나 특정한 날에 배급되는 것으로, 일반 주민들이 술을 마실 수 있는 기회가 흔치 않았다.

> (고난의 행군) 그 이전엔 공장에서 술을 … 1992년도부터 거의 없어. 그 이전엔 공장에서 술을 다 담갔어(북한이탈주민 1 면담, 2012. 9. 26).

그러나 고난의 행군 이후에 북한주민들이 사유재산에 관심을 가지고 경제활동을 시작하면서 술 역시 개인이 소규모로 생산하기 시작한 것으로 보인다. 단천지역 출신의 북한이탈주민에 의하면, 고난의 행군 이전에는 공장에서 생산되는 술 이외에는 구하기 어려웠으나, 고난의 행군 이후에는 각 가정에서 술을 상품화하여 판매하기 시작하였다고 하였다.

> 이제는 개인들이 술을 파니깐, 오히려 야, 누구네 집 술이 술맛이 더 있고, 정말 깨끗하더라, 그러니까 그 집 술을 사 먹게 되는 거지. 개인들이 이제는 여과를 아주 깨끗하게 해서 술 상표도 국가에서 집어넣는 상표까지 술에다가 색소까지 향료까지 딱 넣어서 내다 파는데 공장 제품보다 낫게 해서 팔고 있어(북한이탈주민 1 면담, 2012. 9. 26).

> 직장이 끝나면 아래 회사 사장들이 전화 오지. 뭐해요? 우리 한잔하러 가요. 그렇지 않으면 어느 작업반에서 저녁에 일 끝나고 들놀이로 어디 좋은 데 간다던데

우리 갑시다 하지요(북한이탈주민 1 면담, 2012. 9. 26).

개인의 술 판매로 인해 과거에 비해 북한주민은 다양한 방식으로 술을 얻을 수 있게 되었다. 북한사회의 대학생들 역시 대학가 근처에서 저렴한 가격으로 술을 구입하여 학우들과 함께 음주를 즐길 수 있게 되었다.

남자들은 술을 몰래 먹죠. 점호가 딱 끝나 가지고. 근데 대체로 다 나가 먹어요. 천막, 조그만 집 같은 데 다 있고, 대학생들을 위한 고런 시설들이 다 마련이 돼 가지고. 좀 저렴하게, 또 간편하게. 술은 안에서도 마시는 거죠. 대학교 안에서도 마셔요(북한이탈주민 11 면담, 2012. 1. 22).

대학 근처에 사는 사람들이 장사를 하죠. 또 나이 먹은 사람들은 자기 아들 같아서 그냥 술을 주기도 하고 … (북한이탈주민 6 면담, 2012. 11. 22).

북한체제에서 공식적으로는 주민들이 여전히 집단체육이나 집단적으로 여가활동을 하고 있지만, 고난의 행군 이후 주민들은 공식적인 활동보다는 비공식적으로 여가활동을 추구하고 있는 것으로 보인다. 단천지역 주민의 경우 직장 체육대회, 천렵과 같은 단체체육, 여가활동보다는 돼기발 가꾸기, 주패놀이, 음주 등 개인적으로 여가활동을 하고 있으며, 과거에 비해 비신체활동을 중심으로 변화되는 추세에 있다(나영일 외, 2013).

5) 관람

여가활동은 크게 자기 스스로 참여하는 직접 체험 활동과 각종 예술, 문화행사를 관람하거나 감상하는 간접 체험 활동으로 나누어 볼 수 있다. 첫 번째, 지금까지 살펴본 천렵, 군중무용, 각종 체육활동 등이 직접 체험 활동에 속한다. 두 번째, 무용, 연극, 영화, 음악 미술품 등의 공연물이나 예술작품들을 관람 또는 감상하거나 스포츠 경기를 경기장이나 TV로 보는 것들이 간접 체험 활동에 속한다.

북한주민의 직접 체험 여가활동은 앞서 살펴보았고, 지금부터는 간접 체험의 여가활동들을 살펴보고자 한다.

간접 체험 여가활동들은 직접 체험 여가활동에 비해 보다 더 노골적으로 많이 나타나고 있다. 일찍이 김일성은 1962년 11월 예술인에게 내린 교시에서 "문학 예술은 절대로 혁명의 리익과 당의 로선을 떠나서는 안 되며 착취계급의 취미와 비위에 맞는 요소를 허용해서는 안 됩니다. 오직 당의 로선과 정책에 철저하게 의거한 혁명적 문화예술만이 진정으로 인민대중의 사랑을 받을 수 있으며 근로대중을 공산주의적 혁명정신으로 교양하는 당의 힘 무기로 될 수 있습니다."(김일성, 1962)라고 말했다. 이러한 북한의 문화정책 노선은 지금까지의 모든 공연물이나 예술작품의 내용에 많은 영향을 주었던 것으로 보인다. 따라서 북한주민이 보는 각종 공연물이나 예술작품들은 예술인 개인의 취향보다는 당의 정책이나 사상에 의해 만들어진 결과물로 보는 것이 합당하다.

> 위에서 지시가 내려오죠. 그러니까 북한 예술단이든 음악단이든 일률적이에요. 선전선동부에서 강령이 내려옵니다. 이번에 뭐 김정은이가 대를 이었다. 그러면 축하하는 그러니깐 여기에 맞는 노래들 또는 내용으로 가지고 공연물을 만들어요. 위에서부터 자료가 내려와요. 대본까지 다 내려오죠. 노래도 그런 걸 해야 되는 거죠(북한이탈주민 8 면담, 2013. 1. 4).

> 영화? 다 북한에서 만든 영화지(북한이탈주민 1 면담, 2012. 9. 26).

> 문화회관에서는 우리 학생들도 영화 문헌 학습 그냥 한단 말입니다. 영화 문헌 학습이란 게 있어요. 김일성, 김정일의 기록물들을 학생들에게. 그것도 정치 사업이죠. 그런 걸 기본 한단 말입니다(북한이탈주민 4 면담, 2012. 10. 19).

북한지역에서 상연되는 공연물 자체가 예술가 개인의 철학이나 취향이 아닌 당의 정책에 따라 내용이 구성되기 때문에 북한주민은 처음부터 개인적인 취향은 배제된 채 간접 체험의 여가활동인 문화생활을 할 수밖에 없는 것이다. 각종 공연물은 철저히 당의 목표나 정책, 사상 등을 선전하고, 북한 정권은 많은 사람에게 공연 관람을 통해 그들의 사상교육을 하고자 한다. 그래서 당은 공연비용을 전적으로 지원하고 이를 관람하는 북한주민은 저렴한 비용으로 관람할 수 있는 것으로 보인다.

> 일단 지원은 국가에서 다 대니깐 국립이잖아요. 극장 안에서 하는 공연은 돈을 받죠. 예를 들면 3,000석 극장인데, 한 200명으로 완전 적자죠. 티켓을 팔면서 공연을 하는데, 한 5원? 7원? 8원 했는데, 지금은 뭐 … 올랐겠죠(북한이탈주민 8 면담, 2013. 1. 4).

> 거의 다 무료지. 새로 나온 영화 외에는 다 무료지(북한이탈주민 10 면담, 2013. 1. 13).

> 돈 받고 하는 공연은 영화. 그다음에 위에서부터 도 예술단이나 중앙에서 예술단이 이따금씩 내려오는 거. 그럴 때는 많이 가지. (중략) 내가 여기 와서 느끼는 것은 정말 북한에서 관람료하고 여기 관람료가 대비가 안 돼. 여기서 보니깐 엄청 비싸더라고. 북한은 완전 헐값이야(북한이탈주민 1 면담, 2012. 9. 26).

> 영화 보는 비용은 얼마 안 되었어요. 지금 내가 다 잊어서 몇 원? 그렇게 비싸거나 그렇지도 않아요. 누구든지 볼 수 있는 비용이었어요(북한이탈주민 7 면담, 2012. 11. 26).

비록 북한 정권의 선전물에 불과한 문화체험이지만 이마저도 자주 접하기는 어려운 것으로 보인다. 군마다 영화를 상영하는 마을 회관이 있어 북한주민은 이곳에서 영화 관람을 한다.

> 영화관이 있어요. 군, 시, 도에 영화관은 다 있어요. 영화관에서 영화를 상영할 때면 거기 가서 보는데, 그것도 사람이 너무 많아서 줄서서 들어가야 돼요. 아무튼 영화관에 가서 저도 몇 번 본 기억이 있어요(북한이탈주민 7 면담, 2012. 11. 26).

> 특급 기업소 같은 공장 안에 노동자 회관이 있어요. 거기서 새로 영화 나올 때면 3, 4일씩 돌렸던 거 같아요. 그러면 사람들이 미어터지죠. 나, 영화 볼 때마다 스트레스 받아서 … 회관에 들어가는데 사람들에게 압착당했던 기억이 있어요. 영화 보는 것이 그 표를 돈 내고 질서 정연하게 보는 게 아니고, 그냥 완력으로 … 힘센 놈들이 먼저 들어가 보고 그러는 거지요(북한이탈주민 5 면담, 2012. 11. 17).

북한의 영화관은 좌석제가 아니어서 늦게 입장하면 자리가 없어 서서 보거나 바닥에 앉아서 보는 등(박성희, 1995: 151) 사람들이 영화 관람에 많은 불편함을 느끼고 있다. 이러한 현상은 북한에서 영화와 같은 문화공연을 접할 기회가 상당히 부족하다는 것을 보여 준다.

북한주민의 간접경험 여가활동 중 하나인 스포츠 경기 관람을 살펴보면, 운동 경기장에 직접 가서 경기를 관람하는 것은 아주 드물게 이루어지는 것으로 보인다. 북한은 정권 초기부터 모든 북한주민의 집단적 체육활동을 장려하고 기업소에 실업팀을 육성하고 있지만, 우리나라처럼 스포츠 관람문화가 발달되어 있지는 않은 것으로 보인다. 대부분 북한주민의 스포츠 관람은 TV를 통해 주로 이루어지고 있는 것으로 보인다.

> 스포츠 경기를 여기처럼 북한사람들이 경기장 가서 관람하는 것은 없지. 그저 TV로 보면 모를까?(북한이탈주민 5 면담, 2012. 11. 17)

그러나 이러한 운동경기 관람도 당의 정책에 의해 선별적으로 방송되는 것으로 보인다. 북한의 언론 방송의 역할은 과거 다른 사회주의 국가들과 마찬가지로 당과 국가 정책 홍보에 있으며, 김일성·김정일·김정은 유일체제 수호 수단으로 이용되고 있다(김일기 외, 2012: 200).

북한의 스포츠 방송은 북한 선수들이 참여하여 좋은 결과를 낸 국제대회를 중심으로 편성하기 때문에 우리나라와 달리 생방송보다는 녹화방송을 중심으로 이루어진다. 이것은 북한 스포츠 방송이 북한 정권의 우월성을 홍보하려는 수단으로 사용한 것이다.

북한이탈주민 1에 의하면, 우리나라에서 개최했던 88올림픽 같은 경우 북한에서는 경기 내용을 방송하지 않았다. 88올림픽을 본 사람들은 당에 의해 비판의 대상이 되었던 것으로 보인다.

> 운동경기 TV 시청 그런 것은, 에이 할 거 없지. 간혹 외국에서 하는 경기를 중계하는 것은 있었지. 국내 경기는 중계 안 했지. (중략) 88올림픽, 그것은 국가에서 그걸 보면 나쁜 놈 잡아간다고 그랬어. 자기네가 이기는 경기나 했지, 자기네가 나가 진 경기 같은 거는 절대로 안 했지(북한이탈주민 1 면담, 2012. 9. 26).

고난의 행군 이후 에너지난과 경제적 어려움으로 북한주민에게 필요한 생필품 공급이 어려운 가운데, 북한 정권은 영화, 연극, 음악 등과 같은 간접 경험의 여가활동에 필요한 공연물 제작이나 상영을 과거와는 다르게 운영하는 것으로 보인다. 평양과 같은 큰 도시에서는 여전히 연극단이 운영이 되고 있었지만 지방의 경우 한시적으로 운영되거나 거의 운영이 되지 않는 곳도 있다.

> 연극은 지방은 못합니다. 평양 걸림연극단 같은 건 제가 평양 학생들 데리고 가서 연극단에 데리고 가서 연극 관람을 해 봤는데 … 지방은 연극단 같은 것이 없어요. 평양 연극단이 순회공연으로 지방으로 내려와야지 가능한 거죠(북한이탈주민 4 면담, 2012. 10. 19).

지방에서도 대도시보다는 소도시에서 연극과 같이 제작비용이 많이 드는 공연물은 드물게 공연되고 있는 것으로 보인다. 따라서 고난의 행군 이후 북한주민의 간접 체험 여가활동도 지역에 따라 그 격차가 심하게 나타날 수밖에 없었을 것이다. 도시에서 생활하는 주민들에 비해 지방의 북한주민은 공연문화 관람기회에서 더욱 소외되어 있다.

> 문화회관에서 영화도 드문히 달려요. 그런데 저는 거기서 영화 한 번도 못 봤습니다(웃음)(북한이탈주민 4 면담, 2012. 10. 19).

단천시와 같이 지방에 살고 있는 북한주민은 과거와 달리 영화를 보러 가는 일도 드물었던 것으로 보인다. 북한 정권이 문화 산업과 같이 지속적으로 제작비용과 운영비용이 필요하면서 투자에 비해 수입이 적은 사업에 지출을 줄였기 때문이다. 고난의 행군 이후 북한주민의 경제난에 따른 생활의 어려움으로 생활 자체가 힘든 상황에서 공연물과 같이 생활에 부차적인 부분까지 요구할 여유가 없기도 하지만, 당 차원에서도 에너지난과 경제난으로 인해 문화적인 부분까지 정책적으로 조직할 여유가 없었던 것으로 보인다. 그리고 북한에서 연극이나 영화와 같은 공연물들은 북한 정권의 선전용으로 제작되기 때문에 북한주민들 사이에서 자생적으로 발전하기 어려운 조건을 가지고 있는 것도 하나의 원인으로 작용한다고 볼 수 있다.

> (1980년대 학교 다닐 때) 영화 많이 봤죠. 공연도 보고. 그런데 지금 경제가 어려워져서 회관은 있는데, 그 기능을 수행 못하는 거죠(북한이탈주민 4 면담, 2012. 10. 19).

고난의 행군 이후 관람과 같은 간접 체험 여가활동은 많이 쇠퇴한 것으로 보인다. 북한 정권이 경제난과 에너지난으로 인해 문화예술단이나 영화 제작에 필요한 지원, 배우들에게 지급되는 배급, 그리고 극장 운영에 필요한 각종 비용 등을 과거와 같이 지원하기가 어려워진 것이 가장 큰 원인이다. 또한 이로 인해 평양보다는 지방의 문화 사업들이 크게 영향을 받은 것으로 보인다.

제5장 결론

이 책은 북한주민의 체육과 여가를 크게 세 부분으로 나누어 살펴보았다. 첫 번째 부분에서는 구소련, 중국, 동독 등의 사회주의 국가와 통일 독일의 체육과 여가정책을 살펴보았고, 두 번째 부분에서는 북한의 체육과 여가정책의 역사적 흐름과 현재를 살펴보았다. 그리고 마지막으로는 구체적인 북한주민의 체육과 여가활동을 신체활동과 비신체활동으로 나누어 알아보았다.

대부분의 사회주의 국가들은 사회주의 체제의 중심국인 구소련의 체육 및 여가정책과 조직, 학교정책과 조직 등을 도입하여 자국에 맞게 수정, 보완한 체육과 여가정책을 실행하였다. 이는 구소련이 다른 사회주의 국가들(1940년대 후반)보다 20~30년 일찍 사회주의 체제로 전환(1917년 레닌에 의한 사회주의 혁명을 기점)하였고, 대부분의 사회주의 국가는 구소련의 주도 아래 사회주의 체제로 전환되었기 때문으로 볼 수 있다. 이에 따라 대부분 사회주의 국가 간의 체육과 여가 행정조직과 정책은 서로 유사할 수밖에 없다. 디마지오(P. J. DiMaggio)와 파웰(W. W. Powell)의 제도적 동형화(isomorphism) 이론[1]에 따르면, 제도나 조직들이 서로 비슷해지는 것은 사회의 구성원들이 효

---

1 디마지오와 파웰은 제도나 조직이 서로 닮아 가는 과정을 동형화라고 개념화하였다. 그들은 제도적 동형화가 발생하는 과정을 크게 강제적 동형화, 모방, 그리고 규범적 강제의 세 가지 요인으로 나누고 있다. 우선 강제적 동형화는 다른 조직의 압력에 따라 조직 간

율성을 강화하기 위해 제도를 스스로 선택하기보다는 그 자체가 사회적 정당성을 향상시키기 때문이다. 따라서 북한 역시 다른 사회주의 체제의 국가들과 마찬가지로 구소련의 체육 및 여가정책과 유사성을 가질 수밖에 없다.

구소련을 비롯한 중국, 동독, 북한 등은 정권 차원에서 주민들의 체육과 여가활동(신체활동 중심)에 주목하였으며, 그 이유는 다음과 같이 요약할 수 있다. 첫째, 체육과 여가활동은 주민들의 체력을 강화하여 군사력과 노동력을 강화하는 기능이 있다. 둘째, 체육과 여가활동은 중앙에서 주민들의 통제와 감시를 조직적으로 쉽게 할 수 있는 기능이 있다. 셋째, 체육과 여가활동은 주민들의 일상적인 생활에서도 집단주의적 사회주의 사상을 체험하도록 하고 무의식적으로 이를 교육하는 기능이 있다. 이러한 체육과 여가활동의 기능은 구소련을 비롯한 중국, 동독, 북한 등의 사회주의 국가들의 지도부에서 주목받았으며, 이 국가들은 건국 초기부터 이에 대한 정책적인 발판을 마련하고자 노력하였다.

북한은 1945년 구소련의 영향을 받아 국가 정책과 제도를 사회주의 체제로 전환하였다. 북한 정권은 기본적으로 정권 초기부터 체육 대중화 정책을 지금까지 지속적으로 시행하고 있다. 체육의 대중화 정책은 주민들의 여가에도 많은 영향을 끼쳤다. 인민체력검정, 체육소조활동, 각종 체육대회, 1인 1기 체육활동 등 주민 또는 학생들에게 체육 중심의 여가활동을 장려하는 정책을 시종일관 실행하였다. 북한의 여가개념은 우리와 차이가 있으며, 또 사회주의 체제가 강화되었던 고난의 행군 이전과 경제난으로 인해 자본주의 시장 개념이 침투되기 시작했던 고난의 행군 이후가 다르다.

고난의 행군 이전의 여가활동의 특징은 집단주의적 사회주의 체제의 영향으로 각종 소조활동, 문화활동, 정치행사, 체육행사 등 당에 의한 집단활동을 중심으로 이루어졌다는 점이다. 북한주민은 직장, 학교, 지역사회 등의 각종

의 유사성이 증가하는 것을 의미한다. 모방은 조직을 둘러싸고 있는 환경이 불확실할 경우 조직이 성공적이라고 판단되는 다른 조직을 따라 하는 것이다. 마지막으로 규범적 압력은 교육제도를 통해 공유된 가치 혹은 규범이 보편화되는 것이다(DiMaggio & Powell, 1983).

사회단체에 소속되어 있으며, 이들 단체에서 집단체육과 여가활동에 참여함에 따라 주민들의 개인적인 체육과 여가활동은 위축되었다.

경제난으로 시작된 고난의 행군 이후부터는 주민들은 당의 통제보다는 경제의 영향을 받았다. 이는 북한사회 구조에 영향을 주었으며 체육과 여가에 대한 주민들의 인식 또한 변화시켰다. 집단 중심의 체육과 여가활동도 경제원리가 적용되어 개인 중심으로 변화되고 있었다. 특히 장마당의 활성화는 개인의 경제활동까지 북한주민의 여가활동에 포함하였다. 과거와 달리 주패놀이, 음식, 술 등 가내수공업 활동과 뙈기밭 가꾸기 등 개인의 경제활동을 여가활동에 포함하고 있으며, 과거에 비해 신체활동보다는 비신체활동 중심으로 여가활동이 변화됨을 알 수 있었다. 이는 북한주민에게 있어 여가활동이란 당 주도의 정치적 집단생활을 제외한 나머지 시간으로 이해되고 있기 때문에 가능한 것이다. 이러한 현상은 자본주의 체제에서 여가가 개인의 경제활동과 분리되는 것과는 대조적이라고 볼 수 있고 아직 경제활동과 분리되는 여가 개념이 발전되지 못한 것이라고 볼 수 있다.

사회주의 체제에서 배급의 대상은 경제적 재화만을 의미하는 것은 아니다. 문화적 재화도 이에 속한다. 문화적 재화는 중앙에 의해 지방으로 중앙집권적으로 공급되었다. 고난의 행군 이전 당은 중앙의 전문 예술단을 지방에 파견하여 공연하게 함으로써 지방 주민들에게 문화의 기회를 제공하였다. 또한, 당은 지역에 문화회관을 건설하여 이를 기점으로 각종 영화 상영, 예술공연, 체육시설을 지역 주민들에게 제공하였다. 이를 통해 사회주의 주민들의 체육과 여가활동을 정치적으로 통제할 수 있었다.

그러나 경제난으로 중앙에 의한 문화적인 지원이 중단되어 당의 통제가 약화되었다. 중앙에 의한 문화적인 지원 중단뿐만 아니라 체육과 여가를 위한 문화시설 관리가 어려워지게 되자 많은 지역의 문화회관이 반 유료화됨으로써 주민들의 문화활동 위주의 여가활동은 제한적으로 이루어질 수밖에 없었다.

다음 <그림 5-1>은 1994년 고난의 행군 이전과 이후의 북한주민의 체육과 여가활동을 비교한 것이다.

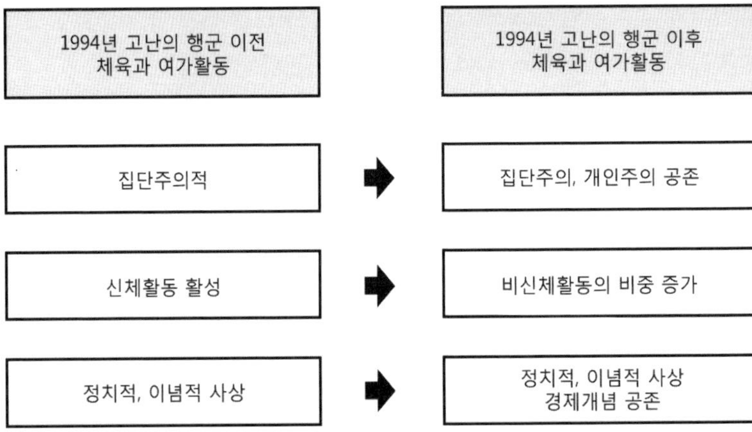

그림 5-1 고난의 행군 전후의 북한주민의 체육과 여가활동의 변화

마지막으로 이 책에서는 북한주민의 체육과 여가활동을 체육활동과 기타 여가활동으로 구분하여 서술하였다. 북한의 체육활동은 다른 사회주의 체제의 국가들처럼 집단주의적 사회주의 체제를 유지하고 주민들의 체력을 향상시켜 국방력과 노동력을 강화하는 수단의 하나였다. 물론 북한 역시 엘리트 선수들이 국내외 체육대회에서 거두는 우수한 성적을 체제의 우월성을 과시하는 선전용으로 활용하고 있으나, 주민들의 체육대회를 장려하여 체육 중심의 여가활동을 활성화하고, 장기간에 걸친 지역 예선전을 통해 응집력, 소속감, 조직력 등을 강화하고 있다.

청소년들의 경우 학교를 중심으로 체육활동 위주의 여가활동을 하고 있었다. 단천지역에서 특징적으로 보이는 신체활동 중 인민학교 여학생 중심으로 즐기는 제기 뿌리기가 있다. 청소년들의 제기 뿌리기 놀이는 해방 이전부터 청소년들 사이에서 인기가 많았으며 규칙은 야구와 비슷하다. 북한에서 야구는 한동안 자본주의가 내재되어 있는 스포츠로 분리되어 소홀하게 취급되었지만, 청소년들의 놀이에 남아 있었다.

고난의 행군 이후 북한의 경제난은 어른뿐만 아니라 청소년들의 체육과 여가활동에도 많은 영향을 미쳤다. 고난의 행군 이전에 소조활동은 학생들의 체육과 여가활동을 조직하는 핵심기능을 하였다. 그러나 배급제가 붕괴된 이후 당은 학교의 소조활동을 지원할 수 있는 역량이 약화되어 주로 학부모들의 지원에 의존하고 있는 실정이었다. 북한의 경제난은 전문 체육단을 운영하는 기업소에도 직접적인 영향을 미치기 때문에 고난의 행군 이전과 비교하여 학교 체육소조 활동의 인기도 많이 떨어졌다. 무엇보다 중요한 것은 고난의 행군 이후 소조활동에 대한 주민들의 인식이 변했다는 것이다. 특히 체육소조 활동은 다른 소조활동에 비해 육체적으로 힘들 뿐만 아니라 학부모의 지원이 많이 들어가기 때문에 과거에 비해 주민들이 잘 선호하지 않았다. 이러한 현상을 통해 주민들이 점차 개인화되고 경제적 합리성을 추구하는 반면 집단적 혹은 정치적 합리성은 점차 약화되고 있는 추세를 확인할 수 있었다.

주민들의 대표적인 기타 여가활동으로는 천렵, 군중무용, 주패놀이, 음주, 관람(영화, 연극, 스포츠) 등이 있다. 기타 여가활동도 고난의 행군 이전에는 집단 성향이 강한 천렵, 군중무용이 주를 이루고 있으며, 고난의 행군 이후에는 비교적 개인적 성향이 드러난 주패놀이, 음주가 주를 이루고 있다. 천렵을 통하여 직장단위별 체육과 여가활동이 가능했으며, 군중무용을 통해서는 쉬운 동작을 중심으로 수령을 비롯해 당과 사회주의 체제를 찬양하는 노래를 같이 부름으로써 자연스럽게 주민들을 대상으로 정치교육을 수행할 수 있었다. 당은 이처럼 천렵과 군중무용을 통해 주민들의 체육과 여가활동을 직장단위별로 조직화할 수 있었을 뿐만 아니라 체육과 여가활동의 내용에서 정치색을 강화함으로써 정치교육의 장을 일상생활에까지 확장할 수 있었다. 음주와 주패놀이는 고난의 행군 이후 더욱 성행하였다. 과거 당의 영향으로 인한 주민들의 조직적 · 집단주의적 신체적인 활동이 지극히 개인적 · 비신체적 활동으로 변화된 것이다.

이 책은 북한주민의 체육과 여가활동의 변화를 살펴보았다. 북한은 사회주의 체제를 고수하고 있지만, 고난의 행군 이후 북한의 경제난은 북한 정권의 통제능력을 약화시켰고 이는 체육과 여가활동에도 영향을 주었다. 이는 당에 의해 주민들의 체육과 여가활동이 통제되었던 시기는 지나가고 있음을 의미하는 것이다. 이러한 연구결과는 북한주민이 철저하게 당에 의해서 통제되는 집단주의적 사회주의 체제에 살고 있다는 우리의 막연한 생각과는 다소 차이가 있다. 이들 역시 경제난으로 인해 개인적으로 경제활동을 하고 있으며, 이것은 체육과 여가활동뿐만 아니라 북한주민의 생활문화에도 변화를 주었다. 이렇게 북한에 관한 통념을 벗어나 새로운 사실을 밝혀내는 것이 본 연구의 목적 중 하나이며, 우리가 북한의 체육과 여가활동에 지속적으로 관심을 가지고 연구해야 할 이유도 여기에 있다.

이 책의 의의는 크게 북한 연구의 학제적 측면, 교육적인 측면, 실천적인 측면, 그리고 학술교류적 측면으로 나누어 생각해 볼 수 있다.

첫째, 이 연구는 북한사회의 실제와 북한주민을 이해하기 위해 학제적 접근을 시도하였다. 이에 북한을 연구하는 데 사회과학과 인문학의 다양한 방법론, 개념들을 활용하여 학제 간 연구의 필요성을 강조함으로써 활발한 북한 연구의 융합화를 촉진할 수 있을 것이다. 특히 그 대상을 접경지역인 함경남도 단천지역으로 한정함으로써 미시사와 미시사회학 간의 소통을 시도하였다.

둘째, 북한학은 북한의 실재를 연구하는 학문적 의미 외에도 평화통일을 위한 공헌이라는 실천적 의미 또한 담고 있다. 이에 이 연구는 일반사람들이 많은 관심을 갖는 체육과 여가를 주제로 선택하여 북한의 실재에 쉽게 접근할 수 있도록 하였다. 따라서 이 연구는 지금까지 지나치게 정치적인 북한 담론을 탈정치화하고, 많은 사람이 북한과 통일에 관심을 가질 수 있는 연구주제로 통일교육의 효과적인 수단이 될 수 있을 것이다.

셋째, 지금까지 한국의 체육교육학과에는 북한의 체육에 대한 과목이 개설되어 있지 않았다. 이 연구의 결과는 북한 체육에 관한 교과서는 물론이고 북한 체육과목 개설을 위한 기초자료로 활용할 수 있을 것이라 기대된다.

넷째, 학술교류적 측면에서 이 연구는 체육사뿐만 아니라 스포츠 사회학, 행정학을 전공으로 한 다양한 분야의 전문가들이 참여하여 체육학계와 정치학・행정학계 간의 교류를 촉진할 것으로 생각된다. 또한 이 연구의 후속연구를 국내의 통일연구기관과 독일의 통일연구기관이 공동으로 연구하게 된다면 통일연구의 면밀한 비교연구가 가능할 뿐만 아니라 통일연구의 국제적 네트워크가 강화될 수 있을 것이다.

북한의 체육과 여가생활 연구를 진행하면서 연구자들이 처음으로 느꼈던 것은 이질감이었다. 같은 민족이지만 60년 이상 사회주의에서 살아온 북한주민과 문화는 우리와는 많이 다르다. 통일되어 남북한 주민이 같이 살게 된다면 이질적인 남북한의 문화 때문에 모두가 당황하고 서로를 낯설게 느낄 것이다. 독일 통일의 문제점은 이질적인 동서독의 문화와 사람을 고려하지 않았다는 점이다. 1990년 10월 3일 통일 당시 서로의 체제와 문화에 대한 이해 부족으로 인해 서독의 민주주의제도와 시장체제가 동독지역에 일방적으로 도입되었다. 단순히 동독주민에게 사회주의를 버리고 민주주의 체제를 새로 배우라는 방식의 정부 정책[2]은 문화적 통합의 특성인 쌍방향적 의사소통의 중요성을 간과한 것이기도 하다. 그 결과 독일에서는 사람들 간의 통합이라고 할 수 있는 내적 통일이 아직도 진행 중에 있다.[3]

체육과 여가활동은 구성원들 간의 친밀감, 응집력, 생활문화 공유 등의 속성을 이용하여 상이한 체제의 주민들 간의 빠른 통합을 이루는 데 중요한 역할을 할 수 있었다. 그러나 독일정부는 동독주민의 체육과 여가문화를 이해하지 못한 채, 서독주민에 맞춘 성급한 제도적 통합을 하였다. 그동안 무료로 제공되었던 여가시설들이 유료[4]로 전환된 것은 동독의 문화적 자원을 충분히 이해하지 못하고 통합정책을 집행한 대표적인 사례라고 할 수 있다. 이러

---

2 서독에서는 동독주민의 공산주의식 교육과 획일화된 통제교육을 자유 민주교육으로 전환하고, 주별로 평생교육을 위한 법률을 마련하여 주민들에게 민주적 사회와 시장경제질서를 익히도록 하며, 새로운 직업 모색 가능성을 제공(통일원, 1993)하였다.

3 독일 통일 연구의 권위자 중 한 사람인 베를린 자유대학교 정치학과의 슈뢰더(K. Schroeder) 교수는 내적 통일을 이루기 위해 독일은 한 세대가 더 필요하다고 한다.

4 동독주민은 국가가 스포츠 활동을 장려하여 그동안 각 산업체에서 무료로 스포츠 시설이나 스포츠 활동들을 지원받았다. 그러나 통일 이후에는 유료로 전환되면서 스포츠 활동의 참여가 줄어들었다.

한 강압적 통합정책으로 인해 경제적 어려움[5]에 처한 대부분의 동독주민은 스포츠 활동을 포기하게 되었다.

동독과 같이 집단주의가 발전한 사회주의 국가에서는 스포츠 활동을 통한 여가활동이 일상생활문화에 많은 영향을 주었다. 통일 이후 독일의 정치인들이 이러한 부분을 인지하였다면, 스포츠를 중심으로 효과적인 통합정책이 이루어졌을 것이다. 이렇듯 효과적인 통일정책을 만들기 위해서는 우리 사회뿐만 아니라 북한의 문화를 이해할 수 있는 통문화 전문가가 필요하다.[6]

---

5 통일 이후 동독지역의 사회주의 경제체제는 서독의 자본주의 경제체제로 편입되는 과정에서 동독지역의 많은 기업과 산업체 등을 정리하는 결과를 초래하는 동시에 수많은 실업자를 양산하게 되었다(구해모, 2001). 또한 동독에는 새로운 가격체계와 생산방식 도입 등 시장경제체제로의 전환과정에서 동독 국내총생산(GDP)이 40% 이상 하락하였고, 서방기업과 경쟁력 있는 업종은 거의 부재한 상태였다. 그리고 대부분의 동독 기업들은 기존 자본재가 노후화되었거나 새로운 환경기준 적용으로 인해 공장 가동이 불가하였고, 통일 이후 갑자기 높아진 임금비용으로 투자의 성장기여도도 미진(통일원, 1993: 1)하였다.

6 최근 독일에서 나타나는 흥미로운 현상 가운데 하나는 예술계에서 동독 출신의 젊은 작가들이 많이 배출되고 있다는 점이다. 이는 동독 출신의 작가들이 동독과 서독 사회 모두 잘 알고 있기 때문에 서독 출신의 작가들에 비해 표현할 수 있는 폭이 넓기 때문인 것으로 생각되고 있다. 즉, 통문화적 관점이 통일 후 독일의 문화발전에 기여하고 있다는 것이다.

참고문헌

국내

강정호(1998). 「소련의 체육 문화와 스포츠에 관한 연구」. 『통일논총』 4.

고프만, 어빙(2013). 진수미(역). 『상호작용 의례: 대면 행동에 관한 에세이』. 아카넷.

곽노의 · 이용자(2006). 「북한 의무교육제도와 보육제도」. 『유아교육연구』 26(5).

구해모(2001). 「구 동독 지역에서의 근대화와 대중 스포츠의 발달」. 『스포츠과학』 75.

권봉안 · 곽한병(1989). 「동독의 체육문화에 대한 고찰」. 『체육연구소논문집』 7. 한국체육대학교 부속체육연구소.

극동문제연구소(1974). 『북한 전서(中)』. 극동문제연구소.

김경원(2002). 「독일 통일에 따른 양독 스포츠 체제의 통합에 관한 연구: 엘리트스포츠를 중심으로」. 『체육과학연구』 13(2).

김기선(1995). 「남북한 국민(인민)학교 체육교육의 비교 분석 및 통일을 대비한 체육교육의 통합방안」. 숭실대학교 석사논문.

김남주(2000). 「남 · 북한 체육교육 비교분석을 통한 이질화 극복방안」. 세종대학교 박사논문.

김동규(1990). 『북한의 교육학』. 문맥사.

김동규 · 김창권(2002). 『(해방이후) 중국 체육 · 스포츠』. 영남대학교출판부.

김동선(1998). 「통일 한국의 체육정책」. 『한국체육학회지』 37(4).

______(2000). 「남북 체육회담의 성패요인과 전망」. 『한국체육학회지』 39(4).

______(2001). 「우리나라 통일과정에서 스포츠 교류의 역할: 독일 통일과정의 함의」. 『한국체육학회지』 40(2).

김미숙(2004). 「북한의 스포츠이념과 남북 스포츠교류의 한계에 관한 연구」. 『한국체육철학회지』 12(2).

김수욱(2010). 「중국 엘리트체육정책 변동에 관한 연구: 정책패러다임 분석을 중심으로」. 서울대학교 박사논문.

김수인(2006). 「북한 스포츠의 종합적 고찰」. 『論文集』 5. 통일교육연구소.

김영란 · 김흥태(2013). 「박근혜 정부 대북정책과 남북체육교류협력 추진방안」. 『한국엔터테인먼트산업학회논문지』 7(4).

김일기 · 권영걸 · 권오국 · 김갑식 · 김영수 · 김태우 · 박형중 · 송영대 · 신진 · 유호열 · 이무철 · 이정우 · 조봉현 · 최경수 · 한만길(2012). 『(통일세대에게 들려주고 싶은) 통일 북한 이

슈 100』. 평화문제연구소.
김재련(1989). 「소련의 體育文化와 스포츠」. 『人文硏究』 10(2).
김종욱(2010). 『(외침과 속삭임) 북한의 일상생활세계 - 북한관료들의 일상생활세계: 회색의 아우라 편』. 아카데미 한울.
김창표 · 윤승희(1985). 『소련의 體育』. 문화사.
김형찬(1988). 『북한교육발달사』. 한백사.
김홍태(2013). 「제14회 민족통일기반조성을 위한 한민족 체육학술대회: "박근혜 정부" 남북체육교류협력전망」. 민족통일체육연구원.
김홍태 · 김영란 · 윤정선(2014). 「북한 체육강국 건설 의미와 실제」. 『한국엔터테인먼트산업학회 학술대회 논문집』 2014(5).
김홍태 · 김영란 · 이경미(2013). 「북한 동계스포츠 현황과 특성 고찰」. 『한국엔터테인먼트산업학회논문지』 7(3).
나영일 · 현주 · 안지호 · 신영진 · 진현주 · 성제훈(2013). 「북한의 체육 및 여가활동의 변화에 관한 연구: 단천 지역을 중심으로」. 『한국체육사학회지』 18(2).
단천군(1939. 1. 1). 『단천군 군세일반』. 단천군.
단천군지편찬위원회(1991). 『단천군지』(증보판). 단천군지편찬위원회.
대한체육회(1975). 「북한스포오츠」. 『체육연감』. 대한체육회.
_____(1976). 「대한올림픽 위원회: 종목별 아시아 경기연맹에의 남북한 가입대비표」. 『체육연감』. 대한체육회.
_____(1977). 「모습 드러낸 북한스포오츠의 수준」. 『체육연감』. 대한체육회.
_____(1977). 「워얼드-컵 축구예선에의」. 『체육연감』. 대한체육회.
_____(1979). 「제8회 아시아경기대회 참가의 성과/남 · 북한 성적 비교」. 『체육연감』. 대한체육회.
_____(1986). 「86년 남북체육회담개요」. 『국제스포츠정보자료집』. 대한체육회.
_____(1988). 「북한체육실상」. 『국제스포츠정보자료집』. 대한체육회.
_____(1989). 「북한가입현황」. 『국제스포츠정보자료집』. 대한체육회.
_____(2010). 『대한체육회 90년사』. 대한체육회.
목정균(1991). 『中國 社會主義 建設論理: 經濟改革과 敎育 · 言論』. 主流.
문화체육관광부(2013). 『2012체육백서』. 문화체육관광부.
민족통일체육연구원(2003). 『남북통일체육의 정치적 과제』. 사람과사람.
박성률(2008). 「전후 독일체육정책의 변천」. 경북대학교 박사논문.
박성률 · 오동섭(2009). 「동독 사회체육정책의 변천」. 『한국체육사학회지』 14(1).
박성희(1995). 『북한청소년의 일상생활』. 공보처.
박정한(2009). 「중국현대사회의 변화와 여가스포츠의 전개양상」. 관동대학교 박사논문.
박주한(1992). 「남북한 스포츠 교류의 실상과 전망」. 『한국체육학회지』 31(2).
박형중 · 이교덕 · 정창현 · 이기동(2004). 「김정일 시대 북한의 정치체제」. 『통일연구원 연구총서』. 4(11).
성문정(2001a). 「북한 엘리트 체육의 실태(2)」. 『스포츠과학』 77.

_____(2001b). 「북한의 체육 정책과 정책의 이해」. 『스포츠과학』 78.
_____(2008). 『주제가 있는 통일문제 강좌 21: 북한의 체육실태』. 통일부 통일교육원.
_____(2012). 「런던올림픽, 북한은 어떻게 준비하고 있을까?: 북한의 하계스포츠 현주소」. 『北韓』 487.
_____(2013). 「북한 체육강국 열풍와 남북체육교류 전망, 북한사회의 변화와 남북문화교류 활성화」. 2013통일문화정책포럼 공개세미나. 한국문화관광연구원.
손환 · 조현철(2006). 「남북스포츠교류의 평가와 발전방안에 관한 연구」. 『한국체육학회지』 45(1).
송미순 · 이은옥(1992). 「남북한 노인생활 및 복지실태 비교연구」. 『韓國老年學』 12(2).
송형석(2010). 『다문화사회에서 사회통합수단으로서 스포츠, 그 가능성과 한계: 독일의 사례를 중심으로』. 한국연구재단(NRF).
_____(2010). 「독일의 스포츠를 통한 이주민 통합 정책」. 『한국체육학회지』 49(6).
송형석 · 안민석(1999). 「동서독 스포츠 교류가 독일 통일에 미친 영향」. 『한국사회체육학회지』 11.
신효숙(2006). 『김정일시대 북한교육의 변화』. 통일부 통일교육원 연구개발팀.
심승구 · 김미숙(2008). 「여성 해방과 도핑: 동독스포츠 성장의 명암」. 『한국체육사학회지』 13(1).
스포츠과학연구소(1983). 『동독의 스포츠』. 대한체육회.
안민석(1999). 「남북체육교류 활성화 방안 연구」. 『한국사회학회 사회학대회 논문집』.
_____(2002). 「북한주민의 여가생활과 체육활동에 관한 연구」. 『한국체육학회지』 41(2).
안지호 · 현주(2013). 「독일한인간호사들의 간문화성에 대한 연구: 베를린 한인간호사들의 문화활동을 중심으로」. 『한독사회과학논총』 23(1).
양문수(2010). 『북한경제의 시장화: 양태 · 성격 · 메커니즘 · 함의』. 한울.
양운철(2006). 『북한 경제체제 이행의 비교연구: 계획에서 시장으로』. 한울.
유호근(2007). 「남북한 스포츠 교류의 정치적 함의: 기능주의적 시각을 중심으로」. 『世界地域研究論叢』 25(1).
_____(2009). 「동서독 스포츠교류와 남북관계: 쟁점과 함의」. 제10회 민족통일기반 조성을 위한 한민족체육학술대회. 민족통일연구원.
윤용선(2005). 「호네커 집권 시기 동독의 교육정책과 사회변화」. 『역사문화연구』 22.
윤재근 · 이상호 · 박상천(1991). 『북한의 문화정보』. 고려원.
이세원(1973). 「동독의 체육/그 이모저모」. 『體育』 81.
이용식(1998). 『선진국의 체육행정체계와 스포츠정책』. 한국체육과학연구원.
_____(1999). 「선진국의 체육행정조직과 재정의 비교 연구」. 『한국체육학회지』 38(2).
이종목(1999). 「남북한과 일본의 초등학교 체육과 교육과정에 관한 비교연구」. 『한국체육학회지』 38(3).
이태신 · 김창환(2000). 『체육학대사전』. 민중서관.
이학래(1999). 「남북체육교류의 추진과제와 실천방안」. 『한국체육학회지』 38(1).
이학래 · 김동선(2004). 『체육 정책의 변화과정』. 한국학술정보.

임도빈 · 안지호 · 신혜영(2012). 「북한의 지방행정 두텁게 이해하기(thick understanding): 시 · 군을 중심으로」. 『한국지방자치학회보』 24(3).
임순희(2000). 「북한의 대중문화: 실태와 변화전망」. 통일연구원.
장경호(2000). 「스포츠와 환경: 사회체제에 따른 스포츠시설환경과 효율성에 관한 연구 - 북한의 스포츠시설을 중점으로」. 『제39회 체육주간기념(제20회 국민체육진흥세미나)』 39(1).
장주호 · 윤재량 · 이한규 · 차광석 · 이용식 · 안민석 · 박상주 · 구해모 · 이대택 · 송인범 · 이상필 · 임정일 · 임빈 · 홍성필(2000). 「생활체육 발전기반 조성을 위한 체육공원 설치방안」. 『체육과학연구』 11(3).
전명용(1998). 「중국문화대혁명과 중국문화」. 『강남대학교논문집』 32(1).
전영선(2013). 「남북체육교류협력 사례로 본 협력방안: 2014 인천 및 2015 광주대회를 중심으로」. 제14회 민족통일기반조성을 위한 한민족 체육학술대회. 민족통일체육연구원.
정동길(2001). 『북한 체육 스포츠 영웅』. 다인미디어.
주성순(2011). 「독일의 국민건강증진을 위한 건강스포츠 정책에 대한 고찰」. 『한국체육학회지』 50(2).
채광호(1990). 「외국의 스포츠 행정 비교 연구: 정책을 중심으로」. 『論文集』 8. 혜전전문대학.
체육부(1984). 『세계 각국의 체육』. 체육부.
최명숙(1999). 『남북한 여성 그리고 중국 조선족 여성의 삶: 90년대 이후 조선녀성들의 가정에서의 삶에 관하여 편』. 이화여자대학교 한국여성연구원 · 연변대학교 여성문제 연구 중심.
통일연구원(2009). 『북한 개요』. 통일연구원.
통일원(1993). 『동서독 교류협력사례집』. 통일원 통일정책실 제2정책관실.
평화문제연구소(2013). 「북한, 이것이 궁금해요 (스물일곱 번째) 인기 스포츠와 유명 체육인은?」. 『통일한국』. 통일연구원.
함정은(2005). 「남북한 아동체육의 비교연구 및 활성화 방안」. 『한국스포츠리서치』 16(4).
함정은 · 이선경(2005). 「유아체육교육에 관한 남 · 북한 비교 연구」. 『한국스포츠리서치』 16(2).
현주 · 김동선(2014). 「북한청소년들의 과외체육소조활동의 변화」. 『한국체육사학회지』 19(2).
홍성보(2011). 「북한의 체육정책의 변화과정(1945~1970): 국가전력을 중심으로」. 북한대학원대학교 박사논문.
황옥철(2005). 「남북체육교류의 활성화 방안모색」. 『움직임의 철학: 한국체육철학회지』 13(3).
황의각 · 조영건 · J. Hersh · 이종석 · 장맹렬 · 이의규 · 함택영 · 홍관희 · A. Popov(1995). 『북한 사회주의 경제의 침체와 대응』. 경남대학교 출판부.
황혜영(1988). 「소련의 사회체육과 우리나라 사회체육의 비교연구」. 숙명여자대학교 석사논문.
황호곤(1988). 「북한체육실상(2): 체육조직/전국의 스포츠조직 상 · 하부가 일사불란」. 『體育』 244. 대한체육회.

북한

김일성(1962). 『김일성저작선집』 제2권. 로동당 출판사.
_____(1979). 『김일성저작집』 제2권. 로동당 출판사.

김정일(1992). “사회주의 건설의 역사적 교훈과 우리당의 총로선”. 1992년 1월 3일 조선로동당 중앙위원회 책임일꾼과 담화.
『로동신문』(1948. 5. 30). “날로 향상발전하는 북조선의 체육문화”.
『로동신문』(1954. 7. 18). “쏘련의 체육설”.
『로동신문』(1954. 7. 23). “하기교원강습회”.
『로동신문』(1954. 12. 17). “동기 체육”.
『로동신문』(1955. 5. 17). “인민체력의 향상을 위하여”.
『로동신문』(1955. 5. 17). “직장내 체육사업”.
『로동신문』(1958. 12. 18). “매개 학생들이 한 가지 이상의 운동기구를 소유: 함흥 제6중학교에서”.
『로동신문』(1958. 3. 26). “1958년 내각결정 제30호 개요”.
『로동신문』(1965. 2. 26). “1965년 내각결정 제7호 개요”.
『로동신문』(1965. 2. 26). “공화국 내각에서 체육 사업을 전 인민적 운동으로 전개할 데 대한 결정을 채택”.
『로동신문』(1987. 5. 18). “과외체육을 활발히 벌린다: 김정숙군 풍양고등중학교에서”.
『로동신문』(1988. 1. 17). “활기를 띠는 체육소조활동: 신양군 신양남자고등학교에서”.
『로동신문』(1994. 11. 10). “체육사업발전에서 우리 당이 견지하는 일관한 방침”.
『로동신문』(1995. 2. 27). “대중체육을 더 활발히 하자”.
『로동신문』(1996. 2. 6). “금메달로 빛나는 체육인: 4.25국방체육선수단 인민체육인 명금순 동무”.
『로동신문』(1996. 5. 5). “체력단련민속놀이”.
조남훈(1992). 『조선체육사2』. 금성청년출판사.
조선민주주의인민공화국사회과학원(1971). 『정치용어사전』. 구월서방.
조선민주주의인민공화국사회과학원(1981). 『현대조선말사전』 1권. 과학백과사전출판사.
조선백과사전편찬위원회(2007). 『광명백과사전: 체육』. 백과사전출판사.
조선중앙통신사(1949). 『조선중앙년감』. 조선중앙통신사.
______(1950). 『조선중앙년감』. 조선중앙통신사.
______(1956). 『조선중앙년감』. 조선중앙통신사.
______(1957). 『조선중앙년감』. 조선중앙통신사.
______(1958). 『조선중앙년감』. 조선중앙통신사
______(1959). 『조선중앙년감』. 조선중앙통신사.
______(1960). 『조선중앙년감』. 조선중앙통신사.
______(1961). 『조선중앙년감』. 조선중앙통신사.
______(1962). 『조선중앙년감』. 조선중앙통신사.
______(1963). 『조선중앙년감』. 조선중앙통신사.
______(1964). 『조선중앙년감』. 조선중앙통신사.
______(1965). 『조선중앙년감』. 조선중앙통신사.
______(1968). 『조선중앙년감』. 조선중앙통신사.

외국

國務院(1975).『國家體育鍛鍊標準手册』. 人民體育出版社.

金欽昌(1994).『學校體育學』. 高等教育出版社.

최문식(2006).『체육연구』. 료녕민족출판사.

최병천(2006).「우리 당의 체육정책과 그 성과」,『체육연구』. 료녕민족출판사.

Aschebrock, H.(ed.)(2000). *Erziehender Schulsport: Pädagogische Grundlagen der Curriculumrevision in Nordrhein-Westfalen*. Bönen: Kettler.

Balz, E.(1995). *Gesundheitserziehung im Schulsport*. Schorndorf: Hofmann.

Balz, E. & P. Neumann(1997). *Wie Pädagogisch Soll der Schulsport Sein?* Schorndorf: Hofmann.

Balz, E., K. P. Brinckhof, & U. Wegner(1994). "Neue Sportarten in die Schule." *Sportpadagogik* 18(1).

Bark, D. L. & D. R. Gress(1989). *A History of West Germany 1: From Shadow to Substance, 1945-1963*. Blackwell.

Baur, J., U. Koch, & St. Telchow(1995). *Sportvereine im Übergang: Die Vereinslandschaft in Ostdeutschlaand*. Aachen: Meyer & Meyer.

Brettschneider, W. D. & G. Sack(1996). "Youth Sport in Europe: Germany." *Worldwide Trends in Youth Sport*.

Bringmann, W.(1976). *Gesundheit und Sport: Anleitung für die Organisation und Durchführung des Gesundheitssports in Medizinischen Einrichtungen, Betrieben und Wohngebieten*. Deutsches Hygiene-Museum.

DiMaggio, P. J. & W. W. Powell(1983). "The Iron Cage Revisited: Institutional Isomorphism and Colletive Rationality in Organization Fields." *American Sociological Review* 48(2).

Gieseler, K.-H.(1983). "Die Leitungs-und Leistungs-System der Körperkultur in der DDR." *Sportswissenschaft* 13.

Hardman, K. & J. Marshall(2000). *World-wide Survey of the State and Status of School Physical Education: The Final Report to tThe Internatinonal Olympic Committee*. Manchester: University of Manchester.

Helmke, C.(1995). "Ziele, Inhalte und Organisation des Sportunterrichts in der Gymnasalen Oberstufe: Eine Synopse aktueller Lenhrplanaussagen." *Sportunterricht* 44.

Hoffmann, N.(2003). "Der Ausbau der Kinder - und Jugendsportschulen(KJS) der DDR unter besonderer betrachtung des Konflikt um einen 'humaneren Kinderhochleistungssport' zwischen dem Ministerium für Volksbildung und dem DTSB." University of Mainz.

Holzweißig, G.(1988). *Sport und Politik in der DDR*. Verlag Gebr. Holzapfel.

Hummel, A.(1994). "Die Konzeption der Körperlich-sportlichen Grundlagenbildung-

Weiterhin eine tragfahige Leitidee?" *Sportpädagogik. Oroentierungern-Leitadeen-Konzepte.* St Augustin: Academia.

______(1997). "Die Körperlich-Sportliche Grundlagenbildung-immer noch Aktuell." *Wie Pädagogich Soll der Schulsport Sein? Auf der Suche nachfachdidaktischen Antworten* (S. 47-62). Schorndorf: Hofmann.

Kupper, D. & L. Kottmann(eds.)(1993). *Sport und Gesundheit.* Schorndorf: Hofmann.

Lenzen, D.(2000). "Sport, Bewegung Oder Was? Argumentationsrituale in der Sportpädagogik." *Sportunterricht* 49.

Moegling, K.(1999). *Ganzhitliche Bewgungserziehung: Pädagogische Bewegungslehre und pädagogische Bewegungspraxis.* Butzbach-Griedel: Afra.

Mao Zedong(1962). *Une étude de l'éducation physique par Mao Ze-dong.* Trans. Stuart R. Schram. Paris: Mouton.

Naul, R.(1992a). "Elite sport in Germany: The 1990s." *Journal of the International Council of Health, Physical Education and Recreation* XXVIII(2).

______(1992b). "German Unification: Curriculum Development and Physical Education at School in East Germany." *British Journal of Physical Education* 23(4).

______(1999). "Das Fach Sport im Berufskolleg - ein Beitrag zur Umfassendenberuflichen Handlungskompetenz." H. Asch ebrock(Red.) *Erziehender Schulsport.*

Naul, R. & K. Hardman(2002). *Sport and Physical Education in re-unified Germany, 1990~2000.* London and New York: International Society for Comparative Physical Education and Sport(ISPCPES).

Niese, L. H.(1997). *Sport im Wandel: eine Systemvergleichende Untersuchung des Sports in Ost-und Westdeutschland (vor und nach der Wiedervereinigung) unter Besonderer Berücksichtigung der Dachverbände.* Frankfurt am Main, New York.

Pack, R. & U. Becker(1995). "Umsetzungsstrrategie fur das Handlungsprogramm zur Forderung der Gesundheiserziehung in der Schule durch Sport im land Nordrhein-Westfalen." Kultusministerium Nordrhein-westfalen(ed.). *Gesundheitserziehung in der Schule durch Sport. Bilanz und Perpektiven.* Frenchen: Kritterbach.

Prohl, F.(1993). "Bildung durch Sport: Eine Uberholter Padagogisher Anspruch?" *Sportunterricht* 41(12).

Scherler, K.-H.(1995). "Sport in der Schule." J. Rode & H. Philipp (eds.). *Sport in Schule. Verein und Betrieb.* St Augustin: Academia.

Schierz, M.(1997). "Sportunterricht und sien (möglicher) Beitrag zur Allgemeinbildung." *Pädagogik* 49(5).

Schulz, N.(1994). "Mit der Zeit gehen-zur Aktualisierungvon Shulsportinhalten." *Sportunterricht* 43(12).

Schwier, J.(1998). *Spiele des Korpers: Jugendsport zwischen Cyberspace und Streetstyle.*

Hamburg: Czwalina.

Stibbe, G.(1992). "Brauchen wir eine Neuorientierung des Schulsports?: Auf der Suche nach einer zeitgemäßen fachdidaktischen Position." *Sportunterricht* 41(11).

Tarasov, N.(1964). *Soviet Sport Today.* Moscow [Novosti Press Agency Pub House].

인터넷

국가체육총국(2010). http://www.sport.gov.cn/n16/n1077/index.html

네이버 국어사전(2013). http://krdic.naver.com/search.nhn?query=%EC%98%A4%EC%9E%AC%EB%AF%B8&autoConvert=false

대한체육회(2014). http://www.sports.or.kr

독일올림픽스포츠연맹(DOSB). http://www.dosb.de

DOSB(2006). http://www.dosb.de/de/start/2006

DTB(1997, 2003, 2008). http://www.dtb-online.de

북한전문검색(2013). http://www.dprksearch.net/bbs/view.php?id=dprklive&page=1&sn1=&divpage

e-영상역사관(2014). http://www.ehistory.go.kr

찾아보기

The Physical Activity and Leisure Life in North Korea

Na, Youngil · Hyun, Ju · Ahn, Jiho
Shin, Youngjin · Jin, Hyunju · Sung, Jehoon

Regarding the theory of Unification of the two Korea's, what will be a jackpot is erecting recently, efforts for Unification are being made in various areas. We wish that all efforts become the foundation of Unification, but they are simply not. The song named; "Our wish is Unification" has been very popular in both Korea's. That is because the theme of Unification is for a greater good. The word "Unification" is easy to say, but on a real note, it is difficult problem, so it sounds like an echo at times. This is because both Korea's sang "Unification" for only their positions. Both Korea's sing about "Unification" but, we need to check if we just sang one way "Unification" for our positions without caring for each other often. It must be fiction to discuss "Unification" without knowing each other. We need to prepare carefully to earn the so called jackpot as a result of unification. For this, it is important to unify the heterogeneous environment of the North and South, such as political, economic, social, educational, medical, and health care and so on. However, to solve these problems, first of all we should learn to know each other through sports and culture which is less related with ideology. The most important topic to understand each other, is the each other's lives itself. In that sense, Sports and Leisure is a meaningful topic to understand North Korean people. This book is the basic research to understand North Korean Sports and Leisure within the limit of investigation. This book is tied with an object toward a better understanding of North Korean culture. Culture can be defined as collective habits of a society if we express it roughly. Formation of habits of society is closely related to the unconscious human body. The reason of writers are interested in North Korean Sports and Leisure is that Sports and Leisure is cultural activities in which people can do using their bodies. We tried to understand North Korean culture through the North Korean People's Sports and Leisure.

North Korean Sports and Leisure are important mediators, not only for life events of North Korea, but the political socialization process of North Korea. Home, school, and the work place are the main spaces for North Korean Sports and Leisure, and it means not only for the living world but for specific political space. After all, this book centers on North Korean Sports and Leisure to understand North Korean Culture and their socialization. This book examines North Korean and Leisure from three aspects. This book also examines socialist countries policies of Sports and Leisure in chapter 2 and chapter 3, compared to North Korean Policies Sports and Leisure. We compare those socialist countries policies of Sports and Leisure to North Korean Sports and Leisure and then we tried to understand the general aspect of socialist countries policies of Sports and Leisure and specificity of North Korea. Next in chapter 4, this book reconstructs North Korean Sports and Leisure concretely with data centered on the testimony of displaced people and North Korean refugees from the Dancheon area in Hamgyongnamdo. Finally, in chapter 5, this book deals with North Korean Policies of Sports and Leisure and summarizes and concludes details of their daily life under those policies, and the desired effects and implications. Specific information of chapter 2~5, as follows: Chapter 2 deals with the policies of countries around the Soviet Union and countries such as China and Germany. After World War 2, Most Eastern Bloc countries affected by The Soviet Union, Germany, and China, accepted the Policies of Sports and Leisure of The Soviet Union. Sports increase productivity through their physical fitness improvement and Sports is the important political tool to strengthen their collective tendencies, so Eastern Bloc Countries shared the similar polices and information. Soviet Union and other socialist countries organized variety Sports and Leisure events to collectivize people with focus on their home, school and work place, and we researched that information. Chapter 3, we focused on related documents and testimonies of North Korean refugees to analyze Sports and Leisure and their concept of Leisure. We describe the course of North Korean Sports' Policies in the socialism country construction process from the "after liberation" period, until the 1970s. North Korea, also like other socialist countries strengthened their socialist system based on collectivism and the national defense and labor industries. We can see that by this chapter, the North Korean Policies of Sports and Leisure is on the same line with the policies of the Soviet Union. Also, chapter 2 Eastern Bloc Countries' policies of Sports and Leisure are the same too. In Chapter 5, we described the North Korean Changes in Policies of Sports and Leisure and possible future of North Korea through our extensive research in this book. North Korea has had economic difficulties since March, which consist of suffering, and it made the regime's power too weak to control the North Korean people. As a result that gave a lot of influence to North Korean Sports and Leisure. And in addition, we suggested what we should do for upcoming reunification, through the study of North Korean Sports and Leisure. We humbly hope this book will increase the understanding of North Korean Sports and Leisure, and further become a small stepping stone of the foundation for reunification of both Korea's.

저자 소개

나영일
현 서울대학교 사범대학 체육교육과 교수
서울대학교 사범대학 체육교육과 박사

현주
현 경기대학교 스포츠건강과학연구소 연구원
서울대학교 사범대학 체육교육과 석사, 박사

안지호
현 대통령직속 통일준비위원회 전문관
서울대학교 행정대학원 석사
독일 베를린자유대학교 정치학 박사

신영진
현 서울대학교 사범대학 체육교육과 강사
서울대학교 사범대학 체육교육과 박사과정 수료

진현주
현 서울대학교 사범대학 체육교육과 강사
서울대학교 사범대학 체육교육과 석사
서울대학교 사범대학 체육교육과 박사과정 수료

성제훈
현 서울대학교 사범대학 체육교육과 박사과정
서울대학교 사범대학 체육교육과 석사

서울대학교통일학연구총서

01 **북한체제의 형성과 한반도 국제정치**
김세균·유홍림·임경훈·임종헌·신욱희·정재호·전재성·조동준

02 **북한 산업개발 및 남북협력방안 – 지리적 접근**
박삼옥·허우긍·박기호·박수진

03 **탈북 가족의 적응과 심리적 통합**
이순형·조수철·김창대·진미정

04 **남북한 환경정책 비교연구 1 – 자연환경, 자원 및 에너지**
윤여창 외 6인

05 **남북한 환경정책 비교연구 2 – 물환경, 대기, 폐기물, 도시계획**
김정욱 외 4인

06 **남북통합지수, 1989–2007**
김병연·박명규·김병로·정은미

07 **통일한국의 어린이 영양**
이연숙·윤지현·심재은·장수정

08 **북미 대립 – 탈냉전 속의 냉전 대립**
장달중·이정철·임수호

09 **네트워크 세계정치 – 은유에서 분석으로**
하영선·김상배 엮음

10 **김일성사회주의청년동맹과 조선민주녀성동맹 – 사회변동과 체제유지의 기제**
이온죽·이인정

11 **다플랫폼 다채널 시대의 통일방송**
윤석민·배진아·곽정래·이현우·채정화

12 **기초자료로 본 독일 통일 20년**
임홍배·송태수·정병기

13 **탈북인의 공·사적 관계와 의사소통**
이순형·김창대·진미정